KUHARICA ZA DESERE LEDENO ZLATO

Istražite bogati svijet smrznutih poslastica sa 100 raskošnih recepata

Zvonimir Stanković

Materijal autorskih prava ©2024

Sva prava pridržana

Nijedan dio ove knjige ne smije se koristiti ili prenositi u bilo kojem obliku ili na bilo koji način bez odgovarajućeg pisanog pristanka izdavača i vlasnika autorskih prava, osim kratkih citata korištenih u recenziji. Ovu knjigu ne treba smatrati zamjenom za medicinske, pravne ili druge stručne savjete.

SADRŽAJ

- SADRŽAJ 3
- UVOD 6
- GATEAUX, BOMBE I TERINE 7
  - 1. SMRZNUTA TERINA OD MAKARONA 8
  - 2. SLADOLED OD ČOKOLADE I VIŠNJE 10
  - 3. ČOKOLADNE BOMBE 13
  - 4. GRAND MARNIER & LEDENI SUFLE OD NARANČE 15
  - 5. LEDENI DVOSTRUKI ČOKOLADNI MOUSSES 17
  - 6. SMRZNUTA TORTA OD SKUTE OD LIMUNA 19
  - 7. ANANAS PEČENA ALASKA 22
  - 8. LEDENA PAVLOVA ROLADA OD JAGODA 24
  - 9. LEDENA MALINA I BRESKVA 26
- SLADOLED 28
  - 10. BOTANIČKI SLADOLED OD LAVANDE 29
  - 11. EARL GREY SLADOLED OD MARELICE 32
  - 12. SLADOLED OD DATULJA 35
  - 13. ZLATNI LED OD SMOKAVA S RUMOM 37
  - 14. SLADOLED OD SVJEŽEG ĐUMBIRA 39
  - 15. SVJEŽI SLADOLED OD BRESKVE 41
- SLADOLED 43
  - 16. GELATO DI CREMA 44
  - 17. GELATO OD PISTACIJA 46
  - 18. GELATO OD GORKE ČOKOLADE 48
  - 19. RASPBERRY RIPPLE GELATO 50
  - 20. GELATO OD LIMUNA 52
  - 21. TUTTI-FRUTTI GELATO 54
  - 22. GELATO OD KAVE 56
  - 23. KUMQUAT GELATO 58
  - 24. AMARETTO GELATO OD BADEMA 60
  - 25. SLADOLED OD ZOBENE KAŠE I CIMETA 62
  - 26. GELATO OD DUPLE ČOKOLADE 64
  - 27. GELATO OD TREŠNJE I JAGODE 66
  - 28. GELATO OD LIMETE S CHIA SJEMENKAMA 68
  - 29. TOBLERONE GELATO 70
  - 30. ČOKOLADNI NUTELLA GELATO 72
  - 31. GELATO OD TREŠNJE 74
  - 32. SLADOLED OD KUPINA 76
  - 33. GELATO OD MALINA 78
  - 34. GELATO OD BOROVNICE 80
  - 35. GELATO OD MANGA 82

36. Gelato s maslacem od kikirikija 84
37. Gelato od lješnjaka 86
38. Gelato od miješanog bobičastog voća 88
39. Gelato od kokosa 90
40. Gelato od bundeve 92
41. Gelato od ananasa i kokosa 94
42. Gelato od limunade 96
43. Gelato od avokada 98
44. Gelato od tamne čokolade 100
45. Gelato od karamele 102
46. Gelato od lješnjaka 104
47. Nutella Gelato 106
48. Gelato od jagoda 108
49. Gelato s komadićima čokolade 110
50. Cannoli Gelato 112
51. Gelato od višanja 115
52. Začinjeni čokoladni gelato 117

SUNDAES 119
53. Knickerbocker Glory 120
54. Breskva Melba 122
55. Čokoladno orašasti sladoled 124

ŠERBET 126
56. Sorbet od miješanog bobičastog voća 127
57. Sorbet od jagoda i kamilice 129
58. Sorbet od jagoda, ananasa i naranče 131
59. Sorbet od banane i jagode 133
60. Sorbet od malina 135
61. Tristar sorbet od jagoda 137
62. Sorbete De Jamaica 139
63. Sorbet od marakuje 141
64. Sorbet od kivija 143
65. Sorbet od dunja 145
66. Sorbet od guave 147
67. Sorbet od nara i đumbira 149
68. Sorbet od brusnice i jabuke 151
69. Sorbet od lubenice 153
70. Cactus Paddle Sorbet s ananasom i limetom 155
71. Sorbet od avokada i marakuje 157
72. Soursop Sorbet 159
73. Za resh sorbet od ananasa 161
74. Sorbet od bijele breskve 163
75. Sorbet od kruške 165
76. Concord sorbet od grožđa 167

77. Đavolski sorbet od manga 169
SMRZNUTI JOGURT **171**
    78. Smrznuti jogurt od svježeg đumbira 172
    79. Smrznuti jogurt od svježe breskve 175
    80. Islandski kolač smrznuti jogurt 178
    81. Smrznuti jogurt s ružmarinom i kandiranim voćem 181
    82. Smrznuto čokoladno iznenađenje 183
    83. Blackberry Frozen Jogurt 185
    84. Smrznuti jogurt od rogača i meda 187
    85. Led od jogurta od đumbira i rabarbare 189
    86. Smrznuti jogurt s medom 191
AFFOGATO **193**
    87. Affogato od čokolade i lješnjaka 194
    88. Amaretto Affogato 196
    89. Tiramisu Affogato 198
    90. Affogato sa slanom karamelom 200
    91. Sorbet od limuna Affogato 202
    92. Affogato od pistacija 204
    93. Affogato od kokosa 206
    94. Affogato od badema 208
    95. Affogato od naranče i tamne čokolade 210
    96. Nutella Affogato 212
    97. Mint čokoladni affogato 214
    98. Sorbeto od malina Affogato 216
    99. Caramel Macchiato Affogato 218
    100. Biscotti s lješnjacima Affogato 220
ZAKLJUČAK **222**

UVOD

Dobrodošli u "KUHARICA ZA DESERE LEDENO ZLATO", vašu putovnicu za istraživanje bogatog i luksuznog svijeta smrznutih poslastica kroz 100 raskošnih recepata koji će zaslijepiti vaše nepce i oduševiti vaša osjetila. Ice Gold predstavlja utjelovljenje smrznutog uživanja, gdje je svaki zalogaj simfonija okusa, tekstura i senzacija koje vas prenose u carstvo čistog kulinarskog blaženstva. U ovoj vas kuharici pozivamo da krenete na putovanje krajolikom zaleđenih slastica, gdje kreativnost ne poznaje granice, a dekadencija vlada.

U ovoj kuharici otkrit ćete riznicu recepata za smrznute deserte koji prikazuju neograničene mogućnosti Ledenog zlata. Od klasičnih favorita kao što su kremasti gelato i osvježavajući sorbet do inovativnih kreacija kao što su ekstravagantne sladoledne torte i elegantni semifreddo, svaki recept je dokaz umijeća i domišljatosti proizvođača smrznutih slastica širom svijeta. Bilo da ste iskusni poznavatelj ili istraživač početnik, u ovoj kolekciji svatko može uživati u nečemu. Ono što izdvaja "KUHARICA ZA DESERE LEDENO ZLATO" je naglasak na ekstravaganciji i luksuzu. Svaki je recept osmišljen kako bi pobudio osjećaj raskoši i uživanja, koristeći vrhunske sastojke, zamršene tehnike i izvrsnu prezentaciju za stvaranje smrznutih remek-djela koja su jednako lijepa koliko i ukusna. Bez obzira organizirate li raskošnu večeru, slavite posebnu prigodu ili si jednostavno priuštite trenutak kulinarskog uživanja, ovi će recepti zasigurno ostaviti trajan dojam. U ovoj kuharici pronaći ćete praktične savjete za svladavanje umjetnosti izrade smrznutih slastica, kao i zadivljujuće fotografije koje će nadahnuti vaše kulinarske kreacije. Bilo da spremate brzi sorbet za vrući ljetni dan ili se mučite oko složene sladoledne torte za svečano okupljanje, "KUHARICA ZA DESERE LEDENO ZLATO" nudi obilje recepata, tehnika i inspiracije koji će vam pomoći da napravite smrznute užitke koji su zaista vrijedni divljenja.

GATEAUX, BOMBE I TERINE

1. Smrznuta terina od makarona

SASTOJCI:

- 2 bjelanjka
- 1/2 šalice slastičarskog šećera, prosijanog
- 2 šalice slatkog vrhnja, lagano tučenog
- 1 šalica zdrobljenih makarona
- 3 žlice. Amaretto liker
- 1 šalica pralina od mljevenih badema
- čokoladne kovrče ili oblike, za ukrašavanje
- Od bjelanjaka umutite čvrsti snijeg, a zatim dodajte šećer dok ne bude čvrst i sjajan.

UPUTE:

a) U drugoj zdjeli umutite čvrsti šlag od vrhnja pa umiješajte zdrobljene makarone i Amaretto. Umiješajte u snijeg od bjelanjaka.

b) Stavite žlicom u kalup za terine veličine 3 × 11 inča ili kalup za kruh i zamrznite preko noći dok se potpuno ne stegne.

c) Kada je spremno za posluživanje, okrenite ga na presavijeni list folije. Praline staviti na drugi list. Pažljivo premažite terinu izmrvljenom pralinom, nježno pritiskajući nožem da obložite sve osim podloge. Premjestite terinu na pladanj za posluživanje i ukrasite komadićima čokolade.

2. Sladoled od čokolade i višnje

SASTOJCI:
- 1 šalica (2 štapića) neslanog maslaca
- 1 šalica super finog šećera
- 1 žličica čisti ekstrakt vanilije
- 4 jaja, istučena
- 2 šalice manje 1 puna žlica. višenamjensko brašno
- 1 vrhom žlica. nezaslađeni kakao prah
- 1 1/2 žličica prašak za pecivo
- 4 šalice očišćenih i nasjeckanih trešanja
- 1/2 šalice soka od brusnice
- 3 žlice. svijetlo smeđi šećer
- 1/2 recepta za luksuzni sladoled od vanilije
- 1 šalica slatkog vrhnja, lagano tučenog
- nekoliko višanja za preljev
- čokoladne kovrče

UPUTE:

a) Zagrijte pećnicu na 350°F (180°C). Lagano namastite opružni oblik od 7 inča ili duboki kalup za torte s labavim dnom. Istucite zajedno maslac, šećer i vaniliju dok ne postanu blijeda i kremasta. Lagano umutite polovicu jaja, zatim postupno umiješajte suhe sastojke, naizmjenično s ostatkom jaja, dok se dobro ne izmiješaju. Žlicom stavite u pripremljeni kalup za tortu, poravnajte vrh i pecite 35 do 40 minuta dok ne postane čvrst na dodir. Ohladite u tepsiji, zatim izvadite, zamotajte u foliju i stavite u hladnjak da se jako ohladi, kako biste lakše rezali.

b) Stavite višnje u malu posudu sa sokom od brusnice i smeđim šećerom. Kuhajte na umjerenoj vatri dok ne omekša. Ostavite sa strane da se ohladi, a zatim u hladnjaku dok se ne ohladi. Pripremite gelato od vanilije dok ne dobije konzistenciju za žlicu.

c) Dugim nožem izrežite tortu na tri jednaka sloja. Stavite jedan sloj u kalup za tortu od 7 inča i na vrh stavite polovinu višanja i jednu trećinu njihovog soka. Pokrijte slojem gelata, a zatim drugim slojem torte. Dodajte ostatak višanja, ali ne sav sok (iskoristite ostatak soka da navlažite donju stranu trećeg sloja torte). Prekrijte ostatkom gelata i završnim slojem torte. Dobro pritisnite, pokrijte plastičnom folijom i zamrznite preko noći. (Po želji torta može stajati u zamrzivaču do 1 mjeseca.)

3.Čokoladne bombe

SASTOJCI:
- 1/2 recepta za gelato od gorke čokolade
- 1/2 šalice vrhnja za šlag
- 1 manji bjelanjak
- 1/8 šalice super finog šećera
- 4 oz. svježe maline, zgnječene i propasirane
- 1 recept za umak od malina

UPUTE:
a) U zamrzivaču ohladite kalup za bombe od 3 1/2 do 4 šalice ili metalnu zdjelu. Pripremite gelato. Kad dobije konzistenciju koja se može mazati, stavite kalup u posudu s ledom. Unutrašnjost kalupa obložite gelatom, pazeći da bude u debelom ravnomjernom sloju. Zagladite vrh. Kalup odmah stavite u zamrzivač i zamrznite dok se ne stegne.
b) Za to vrijeme umutite vrhnje u čvrsti šlag. U posebnoj posudi umutite bjelanjak dok ne dobijete mekane vrhove, zatim lagano umiješajte šećer dok ne postane sjajan i čvrst. Umiješajte šlag, bjelanjak i procijeđene maline i ohladite. Kad se čokoladni led stvarno stegne, u sredinu bombe žlicom stavljajte smjesu od malina. Zagladite vrh, prekrijte voštanim papirom ili folijom i zamrznite najmanje 2 sata.
c) Otprilike 20 minuta prije posluživanja, izvadite bombe iz zamrzivača, gurnite fini ražanj kroz sredinu da oslobodite zračnu bravu i prođite nožem oko unutarnjeg gornjeg ruba. Preokrenite na ohlađeni tanjur i kratko prebrišite tavu vrućom krpom. Stisnite ili protresite posudu jednom ili dvaput da vidite hoće li bombe iskliznuti; ako nije, ponovno obrišite vrućom krpom.
d) Kad isklizne, možda ćete morati zagladiti gornju površinu malim nožem za palete, a zatim odmah vratiti u zamrzivač na najmanje 20 minuta da se ponovno stegne.
e) Poslužite narezano na ploške s umakom od malina. Ova bomba će stajati 3 do 4 tjedna u posudi u zamrzivaču.

4.Grand Marnier & Ledeni sufle od naranče

SASTOJCI:

- 4 velike naranče
- 1 (1/4 oz.) omotnica želatine bez okusa
- 6 velikih jaja, odvojenih
- 1 šalica plus 2 žlice. superfini šećer
- 4 do 6 žlica. Grand Marnier
- 2 žlice. sok od limuna
- 1 3/4 šalice vrhnja za šlag, tučenog
- 2 žlice. voda
- nekoliko stabljika crvenog ribiza

UPUTE:

a) Pripremite 7 inča široku, duboku posudu za soufflé tako da je zamotate u ovratnik od dvostrukog voštanog papira koji je oko 2 inča iznad ruba. Pričvrstite voštani papir trakom. Sitno naribati koricu 2 naranče i ostaviti sa strane. Iscijedite dovoljno soka iz 2 ili 3 naranče da napravite 1 šalicu soka. Zagrijte sok od naranče pa umiješajte želatinu. Ostavite ga sa strane da se otopi ili ga stavite u manju posudu iznad vruće vode dok se potpuno ne otopi.

b) Pjenasto izmiješajte žumanjke i 1 šalicu šećera dok ne postanu gusti i kremasti. Umiješajte narančin sok, narančinu koricu, Grand Marnier i limunov sok. Ostavite sa strane da se ohladi ali nemojte hladiti. Od bjelanjaka umutiti cvrst snijeg. Nježno ih umiješajte u ohlađenu smjesu naranče i žumanjaka, a zatim i šlag, dok se dobro ne sjedine. Stavite žlicom u pripremljenu posudu za soufflé i zamrznite nekoliko sati ili preko noći.

c) Preostalu naranču tanko narežite i prepolovite i stavite u plitku tavu ili tavu s preostale 2 žlice šećera i 2 žlice vode. Lagano kuhajte dok ne omekša, a zatim kuhajte na jakoj vatri dok se segmenti naranče ne počnu karamelizirati. Temeljito ohladite na listu voštanog papira.

d) Za posluživanje pažljivo uklonite papirnati omotač oko suflea i stavite jelo na tanjur za posluživanje. Po souffléu rasporedite kriške karamelizirane naranče i dodajte nekoliko stabljika svježeg crvenog ribiza.

5. Ledeni dvostruki čokoladni mousses

SASTOJCI:
- 3 do 4 žlice. jako vruće mlijeko
- 1 (1/4 oz.) omotnica želatine bez okusa
- 1 1/2 šalice komadića bijele čokolade
- 4 žlice. (1/2 štapića) neslanog maslaca
- 2 veća bjelanjka
- 1/2 šalice super finog šećera
- 1/2 šalice sitno nasjeckane tamne čokolade (želite zadržati malo teksture)
- 1/2 šalice gustog vrhnja, lagano tučenog
- 1/2 šalice grčkog jogurta
- 18 zrna kave ili grožđica prelivenih čokoladom
- 1 žličica nezaslađeni kakao prah, prosijani

UPUTE:

a) Želatinu uspite u vruće mlijeko i miješajte da se otopi. Ako je potrebno, stavite u mikrovalnu 30 sekundi da se otopi. Bijelu čokoladu i maslac lagano otopite dok ne postane glatka. Umiješajte otopljenu želatinu i ostavite da se ohladi, ali nemojte dopustiti da se ponovno stegne. Čvrsto umutiti bjelanjke pa postepeno umiješati šećer i dodati tamnu čokoladu.

b) Pažljivo umiješajte ohlađenu bijelu čokoladu, šlag, jogurt i snijeg od bjelanjaka. Žlicom rasporedite smjesu u 6 pojedinačnih kalupa ili u jedan veliki kalup obložen plastičnom folijom za lakše vađenje iz kalupa. Uredno izravnajte vrhove. Pokrijte i zamrznite 1 do 2 sata ili preko noći.

c) Za posluživanje olabavite gornje rubove malim nožem. Preokrenite svaki kalup na tanjur za posluživanje i obrišite vrućom krpom ili nježno uklonite pjenu plastičnom folijom. Vratite moussee u zamrzivač dok ne budu spremni za jelo. Poslužite sa zrncima kave prelivenom čokoladom ili grožđicama i laganom prosijanom čokoladom u prahu.

6.Smrznuta torta od skute od limuna

SASTOJCI:
- 1/2 šalice (1 štapić) neslanog maslaca
- 1/2 šalice super finog šećera
- 2 velika jaja
- 1 žličica čisti ekstrakt vanilije
- 1 šalica višenamjenskog brašna
- 1 1/2 žličica prašak za pecivo
- 2 do 4 žlice. mlijeko
- 1 1/2 šalice kvalitetnog lemon curda
- 2 velika limuna
- 1 (1/4 oz.) omotnica želatine bez okusa
- 2 šalice krem sira
- 1 šalica super finog šećera
- 1 šalica običnog jogurta
- 2 veća bjelanjka

UPUTE:

a) Zagrijte pećnicu na 375°F (190°C). Istucite zajedno maslac i šećer dok ne postanu blijedi i kremasti, zatim umiješajte jaja i vaniliju. Postupno umiješajte suhe sastojke, dodajući malo mlijeka ako smjesa nije mekana, padajuća.

b) Kad se dobro izmiješa, žlicom stavljajte u neljepljivi kvadratni kalup za tortu od 8 inča s labavim dnom. Zagladite vrh i pecite 20 do 25 minuta dok ravnomjerno ne naraste i postane čvrst na dodir. Pustite da se ohladi u tepsiji.

c) U međuvremenu uklonite nekoliko velikih sitnih komadića limunove korice za ukras i držite poklopljeno. Ostatak korice naribajte u zdjelu za miješanje. Iscijedite sok u posudu za mjerenje i dodajte vode da dobijete 3/4 šalice tekućine. Zagrijte ovu tekućinu, pa pospite želatinom i miješajte dok se ne otopi. Neka se ohladi.

d) Svježi sir stavite u zdjelu s limunovom koricom, dodajte pola šećera i miksajte dok kremasto ne postane glatka. Zatim umiješajte ohlađenu želatinu i jogurt.

e) U posebnoj posudi umutite bjelanjke u čvrsti snijeg pa umiješajte šećer. Umiješajte ovu smjesu u smjesu od svježeg sira dok ne postane glatka.

f) Premažite debeli sloj lemon curda preko kolača u tavi, a zatim žlicom dodajte smjesu od svježeg sira. Zagladite vrh i stavite u zamrzivač na 2 sata ili dok ne budete spremni za posluživanje.

7.Ananas Pečena Alaska

SASTOJCI:
- 16 do 8 oz. komad kupovne torte od đumbira
- 6 kriški zrelog, oguljenog ananasa
- 3 šalice tutti-frutti gelata, omekšavanje
- 3 veća bjelanjka
- 3/4 šalice super finog šećera
- nekoliko komadića svježeg ananasa za ukrašavanje

UPUTE:

a) Tortu narežite na 2 debela dijela i složite u kvadrat ili krug na lim za višekratnu upotrebu na limu za pečenje, tako da je kasnije možete lako premjestiti u posudu za posluživanje.

b) Izrežite 6 kriški ananasa na trokute ili četvrtine, preko torte kako biste uhvatili eventualne kapljice. Rasporedite komade ananasa na vrh torte, a zatim prelijte gelatom. Posudu odmah stavite u zamrzivač da se gelato ponovno zamrzne, ako je previše omekšao.

c) Za to vrijeme umutite bjelanjke u čvrsti snijeg pa postupno umiješajte šećer dok smjesa ne postane čvrsta i sjajna. Ravnomjerno rasporedite smjesu meringue po cijelom gelatu i vratite u zamrzivač. Po želji se može zamrznuti na nekoliko dana.

d) Kada ste spremni za posluživanje, zagrijte pećnicu na 450°F (230°C). Stavite tepsiju u vruću pećnicu na samo 5 do 7 minuta, odnosno dok ne poprimi zlatnu boju. Prebacite u posudu za posluživanje i odmah poslužite, ukrašeno s nekoliko komadića svježeg ananasa.

8. Ledena Pavlova rolada od jagoda

SASTOJCI:
- 2 žličice kukuruzni škrob
- 1 šalica super finog šećera
- 4 bjelanjka, sobne temperature
- slastičarski šećer, prosijani
- 1 1/2 šalice sorbeta od jagoda
- 1/2 šalice gustog vrhnja
- slastičarski šećer, svježe jagode i listići mente za ukrašavanje

UPUTE:
a) Linija 12 × 9 in. tava za pečenje s neprianjajućim slojem za pečenje ili voštanim papirom, izrezana kako bi pristajala. Prosijte kukuruzni škrob i ravnomjerno ga pomiješajte s najfinijim šećerom.
b) Umutite bjelanjke dok ne postanu čvrsti snijeg, ali ne budu suhi i mrvičasti. Zatim postupno umiješajte smjesu šećera i kukuruznog škroba dok ne postane čvrsta i sjajna. Žlicom stavljajte u pripremljenu posudu i poravnajte vrh.
c) Stavite u hladnu pećnicu i upalite je na 300°F (150°C). Kuhajte 1 sat dok vrh ne postane svjež, ali meringue i dalje bude elastičan (ako vam se čini da se boji na početku kuhanja, smanjite temperaturu kako ne bi posmeđio).
d) Odmah preokrenuti na dvostruki list voštanog papira koji je posut prosijanim slastičarskim šećerom i ostaviti da se ohladi.
e) U međuvremenu omekšati sorbet i umutiti šlag. Kad se meringue ohladi, pažljivo i brzo premažite sorbetom, a zatim šlagom. Zarolajte, koristeći papir kao podlogu, i lagano zamotajte u foliju.
f) Vratiti u zamrzivač. Zamrznite oko 1 sat (ili do nekoliko dana) prije posluživanja, posuto s više slastičarskog šećera i preliveno svježim jagodama i mentom.

9.Ledena malina i breskva

SASTOJCI:
- 4 komada pogače, nasjeckane
- 4 do 8 žlica. sherry ili marsala
- 7 do 8 žlica. žele od malina
- 1 šalica svježih ili smrznutih malina
- 2 čvrste zrele breskve, oguljene i narezane na ploške
- 4 kuglice sladoleda od vanilije, omekšavanje
- 1 šalica tučenog vrhnja
- svježe maline i kriške breskve, za ukrašavanje

UPUTE:
a) Izmrvite kolač na podlogu od 4 staklene posude za posluživanje ili čaše. Ravnomjerno pospite sherry ili marsalu po kolaču.
b) Pomiješajte žele i maline, pa žlicom prelijte kolač. Po vrhu stavite narezane breskve.
c) Omekšali sladoled premažite preko breskvi. Premažite šlagom i zamrznite do 1 sat prije posluživanja.
d) Kad ste spremni za posluživanje, po vrhu stavite nekoliko komadića svježeg voća.

SLADOLED

10.Botanički sladoled od lavande

SASTOJCI:
- 2 šalice gustog vrhnja
- 1 šalica punomasnog mlijeka
- 3/4 šalice granuliranog šećera
- 2 žlice osušenih pupoljaka lavande (kulinarske kvalitete)
- 5 većih žumanjaka
- 1 žličica ekstrakta vanilije

UPUTE:
STAVITE VRHNJE I MLIJEKO:
a) U loncu pomiješajte vrhnje, punomasno mlijeko i osušene pupoljke lavande.
b) Zagrijte smjesu na srednjoj vatri dok samo ne počne ključati. Nemojte kuhati.
c) Kad zakuha, maknite lonac s vatre i ostavite lavandu da odstoji u smjesi oko 20-30 minuta.
d) Nakon namakanja, procijedite smjesu kroz sitno sito ili gazu kako biste uklonili pupoljke lavande. Pritisnite lavandu kako biste izvukli što više okusa.

PRIPREMITE PODLOGU ZA SLADOLED:
e) U posebnoj zdjeli pjenasto miksajte žumanjke i šećer dok se dobro ne sjedine i malo zgusne.
f) Polako ulijevajte vrhnje s lavandom u smjesu jaja, neprestano miješajući kako se jaja ne bi zgrušala.
g) Sjedinjenu smjesu vratite u lonac.
h) Kuhajte kremu na srednjoj vatri uz stalno miješanje dok se ne zgusne toliko da možete premazati poleđinu žlice. To obično traje oko 5-7 minuta. Nemojte dopustiti da prokuha.
i) Procijedite kremu kroz fino sito u čistu zdjelu kako biste uklonili sve komadiće kuhanog jaja ili ostatke lavande.
j) Pustite da se krema ohladi na sobnoj temperaturi. Možete ubrzati proces stavljanjem posude u ledenu kupelj.
k) Kad se krema ohladi, umiješajte ekstrakt vanilije.
l) Pokrijte zdjelu plastičnom folijom i ostavite u hladnjaku najmanje 4 sata ili preko noći kako bi se okusi stopili.

KUĆAJTE SLADOLED:

m) Ohlađenu smjesu ulijte u aparat za sladoled i mutite prema uputama proizvođača .
n) Prebacite umućeni sladoled u posudu s poklopcem i zamrznite nekoliko sati ili dok se ne stegne.
o) Zagrabite botanički sladoled u zdjelice ili kornete i uživajte u jedinstvenim okusima!

11. Earl Grey sladoled od marelice

SASTOJCI:
- 1 šalica suhih marelica
- ⅓ šalice plus 2 žlice granuliranog šećera
- ⅔ šalice vode
- 1 ½ šalice mlijeka
- 2 žlice listova čaja Earl Grey
- 1 ½ šalice gustog vrhnja
- Prstohvat soli
- 4 žumanjka
- 1 žlica rakije od kajsije ili likera od naranče

UPUTE:
a) U malom teškom loncu pomiješajte marelice, 2 žlice šećera i vodu. Zakuhajte na umjerenoj vatri. Smanjite vatru na umjereno nisku i pirjajte, nepoklopljeno, dok marelice ne omekšaju, 10 do 12 minuta.
b) Prebacite marelice i svu preostalu tekućinu u multipraktik i pasirajte dok ne postane glatka, stružući niz stijenke zdjele jednom ili dvaput. Staviti na stranu.
c) U teškoj srednjoj posudi za umake pomiješajte mlijeko i listiće čaja. Zagrijte na laganoj vatri dok mlijeko ne bude vruće. Maknite s vatre i ostavite da se kuha 5 minuta. Mlijeko procijedite kroz cjedilo s finim otvorom.
d) Vratite mlijeko u lonac i dodajte čvrsto vrhnje, preostalih ⅓ šalice šećera i sol. Kuhajte na umjerenoj vatri uz često miješanje drvenom kuhačom dok se šećer potpuno ne otopi i smjesa bude vruća, 5 do 6 minuta. Maknite s vatre.
e) U srednjoj zdjeli umutite žumanjke dok se ne pomiješaju. Postupno u tankom mlazu umiješajte jednu trećinu vrućeg vrhnja, pa smjesu ponovno umiješajte u preostalo vrhnje u loncu.
f) Kuhajte na umjereno laganoj vatri neprestano miješajući dok krema lagano ne prekrije stražnju stranu žlice, 5 do 7 minuta; ne dopustiti da prokuha.
g) Odmah maknite s vatre i procijedite kremu u srednje veliku zdjelu. Stavite zdjelu u veću zdjelu s ledom i vodom. Pustite da se krema ohladi na sobnoj temperaturi uz povremeno miješanje.
h) Umiješajte odvojeni pire od marelica i rakiju dok se ne sjedine. Pokrijte i stavite u hladnjak dok se ne ohladi, najmanje 6 sati ili preko noći.
i) Ulijte kremu u aparat za sladoled i zamrznite prema uputama proizvođača.

12. Sladoled od datulja

SASTOJCI:
- ⅓ šalice nasjeckanih datulja bez koštica
- 4 žlice ruma
- 2 jaja, odvojena
- ½ šalice granuliranog šećera
- ⅔ šalice mlijeka
- 1 ½ šalice svježeg sira
- Sitno naribana korica i sok od 1 limuna
- ⅔ šalice tučenog vrhnja
- 2 žlice sitno nasjeckane stabljike đumbira

UPUTE:
a) Datulje namočiti u rumu oko 4 sata. U zdjelu stavite žumanjke i šećer i tucite dok ne posvijetle. Zagrijte mlijeko do točke kuhanja u loncu pa umiješajte u žumanjke. Smjesu vratiti u ispranu posudu i kuhati na laganoj vatri uz stalno miješanje dok se ne zgusne. Ohladite uz povremeno miješanje.

b) Svježi sir, koricu limuna, sok i rum ocijeđen od datulja zajedno izradite u blenderu ili procesoru hrane dok ne postane glatko, a zatim pomiješajte s kremom. Ulijte smjesu u posudu, poklopite i zamrznite dok ne postane čvrsta. Okrenite u zdjelu, dobro istucite, zatim dodajte šlag, datulje i đumbir. Bjelanjke u zdjeli umutite u čvrsti snijeg, ali ne i suh, te umiješajte u voćnu smjesu. Žlicom dodajte smjesu natrag u posudu. Pokrijte i zamrznite dok se ne stegne.

c) Oko 30 minuta prije posluživanja sladoled prebacite u hladnjak.

13.Zlatni led od smokava s rumom

SASTOJCI:
- 150 g gotovih suhih smokava
- 250 g kartona mascarpone sira
- Karton od 200 g grčkog jogurta
- 2 žlice svijetlog muscovado šećera
- 2 žlice tamnog ruma

UPUTE:
a) Stavite smokve u multipraktik ili blender. Dodajte mascarpone sir, jogurt, šećer i rum. Miješajte dok ne postane glatko, stružući sa strane kada je potrebno.
b) Pokrijte i ostavite u hladnjaku oko 30 minuta dok se ne ohladi.
c) Stavite smjesu u aparat za sladoled i zamrznite prema uputama.
d) Prebacite u prikladnu posudu i zamrznite dok ne bude potrebno.

14. Sladoled od svježeg đumbira

SASTOJCI:
- 2 šalice gustog vrhnja
- 1 šalica punomasnog mlijeka
- ¾ šalice šećera
- 1 (3 inča) komad svježeg korijena đumbira, oguljen i grubo narezan
- 1 veliko jaje
- 3 velika žumanjka
- 1 žličica ekstrakta vanilije

UPUTE:
a) Pomiješajte vrhnje, mlijeko, šećer i đumbir u velikom loncu. Pustite da lagano kuha, miješajući dok se šećer ne otopi. Maknite s vatre. Pokrijte i ostavite da se ohladi na sobnoj temperaturi. Procijedite smjesu kako biste uklonili cijeli korijen đumbira.
b) Stavite mliječnu smjesu da zakuha.
c) U velikoj zdjeli umutite jaje i žumanjke. Kad mliječna smjesa zakuha, maknite je s vatre i polako je ulijevajte u smjesu od jaja da se umiri uz stalno miješanje.
d) Kad ste dodali svu mliječnu smjesu, vratite je u lonac i nastavite kuhati na srednje jakoj vatri, neprestano miješajući, dok se smjesa ne zgusne dovoljno da pokrijete stražnju stranu žlice, 2 do 3 minute. Maknite s vatre i umiješajte vaniliju.
e) Pokrijte mliječnu smjesu i ostavite da se ohladi na sobnoj temperaturi, zatim stavite u hladnjak dok se dobro ne ohladi, 3 do 4 sata ili preko noći. Ohlađenu smjesu ulijte u aparat za sladoled i zamrznite prema uputama.
f) Prebacite sladoled u posudu za zamrzavanje i stavite u zamrzivač. Ostavite da se stegne 1 do 2 sata prije posluživanja.

15.Svježi sladoled od breskve

SASTOJCI:
- 2 žlice želatine bez okusa
- 3 šalice mlijeka, podijeljene
- 2 šalice granuliranog šećera
- 1/4 žličice soli
- 6 jaja
- 1 1/2 šalice pola-pola
- 1 mala kutija instant pudinga od vanilije
- 1 žlica plus 2 žličice ekstrakta vanilije
- 4 šalice mljevenih breskvi

UPUTE:

a) Omekšajte želatinu u 1/2 šalice hladnog mlijeka. Poparite još 1 1/2 šalice mlijeka. Umiješajte smjesu želatine dok se ne otopi. Dodajte šećer, sol i preostalu 1 šalicu mlijeka.

b) Jaja mutite velikom brzinom miksera 5 minuta. Dodajte pola-pola, smjesu pudinga, ekstrakt vanilije i smjesu želatine. Dobro izblendajte. Umiješajte breskve.

c) Zamrznite u zamrzivaču za sladoled prema uputama proizvođača. Dozrijevati 2 sata.

SLADOLED

16. Gelato Di Crema

SASTOJCI:
- 2 ½ šalice svijetle kreme
- 5 žumanjaka
- ½ šalice super finog šećera

UPUTE:
a) Zagrijte vrhnje dok ne počne mjehuriti, a zatim ga malo ohladite.
b) U velikoj zdjeli otpornoj na toplinu, tucite žumanjke i šećer dok ne postanu gusti i kremasti. Kremu za hlađenje lagano umiješajte u jaja.
c) Stavite zdjelu na posudu s vodom koja lagano ključa i miješajte drvenom kuhačom dok krema ne prekrije stražnji dio žlice. Izvadite zdjelu i ostavite da se ohladi.
d) Kad se krema potpuno ohladi, ulijte je u aparat za sladoled i obradite prema uputama proizvođača ili miješajte ručno . Prestanite miješati kada je gotovo čvrsta, prebacite je u posudu za zamrzavanje i ostavite u zamrzivaču 15 minuta prije posluživanja ili dok ne bude potrebno.
e) Ovaj gelato najbolje je jesti svjež, ali može se zamrznuti do 1 mjeseca. Izvadite barem 15 minuta prije posluživanja da malo omekša.

17. Gelato od pistacija

SASTOJCI:
- 2 šalice oljuštenih pistacija
- nekoliko kapi čistog ekstrakta badema
- nekoliko kapi čistog ekstrakta vanilije
- 1 recept gelato di crema

UPUTE:
a) Pistacije očišćene od ljuske potopite u kipuću vodu na 5 minuta, zatim ih ocijedite i očistite od kore čistom krpom. Samljeti orašaste plodove u pastu u blenderu ili procesoru hrane s nekoliko kapi ekstrakta badema i vanilije, dodajući samo vrlo malo vruće vode kako bi se stvorio glatki pire.
b) Pripremite osnovni gelato ili neku njegovu varijantu. Umiješajte pire u sladoled, kušajte i dodajte još nekoliko kapi jednog ili oba ekstrakta, ako je potrebno, po ukusu.
c) Ulijte u aparat za sladoled i obradite prema uputama proizvođača ili u posudu za zamrzavanje i upotrijebite metodu ručnog miješanja . Prestanite miješati kada je gotovo čvrsta, prebacite je u posudu za zamrzavanje i ostavite u zamrzivaču 15 minuta prije posluživanja ili dok ne bude potrebno.
d) Ovakav bogati sladoled od orašastih plodova ne smije se zamrzavati dulje od nekoliko tjedana. Izvadite ga iz zamrzivača 15 minuta prije posluživanja da malo omekša.
e)

18.Gelato od gorke čokolade

SASTOJCI:
- 2 ½ šalice punomasnog mlijeka
- 7 oz. crna čokolada, izlomljena na komadiće
- 5 žumanjaka
- ¼ šalice svijetlo smeđeg šećera
- 1 šalica tučenog vrhnja

UPUTE:
a) Zagrijte pola mlijeka u tavi s čokoladom dok se ne otopi i postane glatka, povremeno miješajući. Ostaviti sa strane da se ohladi. Ostatak mlijeka stavite skoro da prokuha. U velikoj zdjeli otpornoj na toplinu, pjenasto miksajte žumanjke i šećer dok ne postanu gusti, a zatim postepeno umiješajte vruće mlijeko.
b) Stavite zdjelu iznad posude s kipućom vodom i miješajte drvenom kuhačom dok krema ne prekrije stražnji dio žlice.
c) Maknite s vatre i ostavite sa strane da se potpuno ohladi.
d) Kad se ohladi, izmiksajte kremu i čokoladno mlijeko pa umiješajte šlag. Ulijte u aparat za sladoled i obradite prema uputama proizvođača ili ulijte u posudu za zamrzavanje i upotrijebite metodu ručnog miješanja .
e) Pecite samo 15 do 20 minuta ili dok ne postane čvrsto. Prebacite u zamrzivač i zamrznite 15 minuta prije posluživanja ili dok ne bude potrebno.
f) Ovaj gelato guste teksture najbolje je jesti svjež, ali se može zamrzavati do 1 mjeseca.
g) Izvadite barem 15 minuta prije posluživanja da malo omekša.

19. Raspberry Ripple Gelato

SASTOJCI:

- 4 šalice svježih malina
- ¼ šalice super finog šećera
- 1 žličica sok od limuna
- 1 recept gelato di crema

UPUTE:

a) Izvadite ¼ šalice malina i kratko zgnječite. Staviti na stranu. Pomiješajte preostalo bobičasto voće, šećer i limunov sok. Protisnuti kroz sito. Ostavite 4 žlice pirea da se ohladi.
b) Pripremite osnovni recept za gelato di crema. U ohlađenu kremu umiješajte pire od malina. Umućkajte ili zamrznite kao i prije dok gotovo ne postane čvrst.
c) Premjestite gelato u hermetički zatvorenu posudu za zamrzavanje i dodajte naizmjenično žlicu odvojene voćne kaše i zgnječenih malina, tako da se smjesa namreška dok je poslužite. Zamrznite na 15 minuta ili dok ne bude potrebno.
d) Ovaj gelato može biti zamrznut oko 1 mjesec. Izvadite iz zamrzivača barem 15 minuta prije posluživanja da omekšaju jer cijeli plodovi mogu otežati posluživanje.

20.Gelato od limuna

SASTOJCI:
- 1 recept lagani gelato
- 2 nevoštena limuna

UPUTE:
a) Pripremite osnovni lagani gelato i zatim umiješajte sitno naribanu koricu limuna i najmanje ½ šalice limunova soka.
b) Ulijte u aparat za sladoled i obradite prema uputama proizvođača ili upotrijebite metodu ručnog miješanja. Prestanite miješati kada je gotovo čvrsta, prebacite je u posudu za zamrzavanje i ostavite u zamrzivaču 15 minuta prije posluživanja ili dok ne bude potrebno.
c) Ovaj gelato najbolje je jesti svjež, ali može se zamrznuti do 1 mjeseca. Izvaditi iz zamrzivača 15 minuta prije posluživanja da malo omekša.

21. Tutti-Frutti Gelato

SASTOJCI:
- 1 recept gelato di crema
- 1 šalica nasjeckanog kandiranog voća (višnje, ananas, kora citrusa, đumbir)

UPUTE:
a) Pripremite osnovni gelato i mućkajte dok se djelomično ne zamrzne. Pomiješajte željeno voće i zamrznite dok ne bude potrebno.
b) Iako se najbolje jede svjež, ovaj gelato može biti zamrznut do 1 mjeseca. Izvaditi iz zamrzivača 15 minuta prije posluživanja da malo omekša.

22. Gelato od kave

SASTOJCI:
- 1 ¼ šalice svijetle kreme
- 5 žumanjaka
- ½ šalice super finog šećera
- 1 žličica čisti ekstrakt vanilije
- 1 ¼ šalice svježe kuhanog ekstra jakog espressa

UPUTE:
a) Zagrijte vrhnje dok tek ne počne mjehuriti, a zatim ga malo ohladite.
b) U velikoj zdjeli otpornoj na toplinu, tucite žumanjke, šećer i vaniliju dok ne postanu gusti i kremasti. Umutite vruće vrhnje i kavu, a zatim stavite zdjelu na posudu s lagano ključajućom vodom. Stalno miješajte drvenom kuhačom dok krema ne prekrije stražnju stranu žlice.
c) Maknite zdjelu s vatre i ostavite da se ohladi. Kad se potpuno ohladi, ulijte u aparat za sladoled i obradite prema uputama proizvođača ili upotrijebite metodu ručnog miješanja . Prestanite miješati kada je gotovo čvrsta, prebacite je u posudu za zamrzavanje i ostavite u zamrzivaču 15 minuta prije posluživanja ili dok ne bude potrebno.
d) Ovaj gelato je ukusan svjež, ali se može zamrzavati do 3 mjeseca. Izvadite 15 minuta prije posluživanja da malo omekša.

23. Kumquat Gelato

SASTOJCI:
- 2 šalice narezanog kumkvata
- 2 žlice. tamni rum ili sok od naranče
- 3 žlice. svijetlo smeđi šećer
- 2 do 3 žlice. Vruća voda
- 1 recept gelato di crema

UPUTE:

a) Skuhajte kumkvate u maloj tavi s rumom, smeđim šećerom i vrućom vodom. Pustite ih da lagano mjehuri dok ne postanu zlatne i sirupaste. Maknite s vatre. Odvojite 2 žlice voća u sirupu ako želite njime ukrasiti gelato. Cool.

b) Pripremite osnovni gelato i u njega umiješajte ohlađeno voće prije mućenja. Ovoj smjesi će trebati samo oko pola uobičajenog vremena zamrzavanja.

c) Prilikom posluživanja prelijte voćem koje ste sačuvali.

d) Ovaj sladoled možete čuvati do 1 mjesec u zamrzivaču. Ne zaboravite ga izvaditi 15 minuta prije posluživanja kako bi malo omekšao.

24. Amaretto Gelato od badema

SASTOJCI:
- 4 šalice gustog vrhnja
- 5 žumanjaka
- 1 šalica granuliranog šećera
- 1 šalica mljevenih blanširanih badema
- 1 žlica amaretto likera

UPUTE:
a) Vrhnje ulijte u lonac i lagano zagrijte.
b) Istucite žumanjke i šećer zajedno dok ne postanu blijedi i kremasti. Istucite 2 žlice vrućeg vrhnja u smjesu od jaja, zatim umiješajte preostalo vrhnje, pola šalice odjednom.
c) Ulijte u kuhalo za paru ili zdjelu postavljenu iznad posude s kipućom vodom i kuhajte na laganoj vatri, neprestano miješajući 15 do 20 minuta, dok smjesa ne prekrije stražnju stranu žlice. Ohladite smjesu, a zatim ohladite.
d) Ohlađenu smjesu ulijte u aparat za sladoled i mutite prema uputama proizvođača. Dok se lopatica miješa, dodajte bademe i Amaretto i zamrznite gelato preko noći.
e) Stavite u hladnjak na 20-ak minuta prije posluživanja.

25.Sladoled od zobene kaše i cimeta

SASTOJCI:

- Prazna baza za sladoled
- 1 šalica zobi
- 1 žlica mljevenog cimeta

UPUTE:

a) Pripremite praznu podlogu prema uputama.
b) U maloj tavi na srednje jakoj vatri pomiješajte zobene zobi i cimet. Tostirajte, redovito miješajući, 10 minuta ili dok ne porumeni i postane aromatično.
c) Da biste prokuhali, dodajte prženi cimet i zob u temeljac dok siđu sa štednjaka i ostavite ih da se kuhaju oko 30 minuta. Korištenje mrežastog cjedila postavljenog iznad zdjele; procijedite krutinu, protisnuvši kako biste osigurali da dobijete što više aromatizirane kreme. Može proći malo pulpe zobenih pahuljica, ali to je u redu – ukusno je! Rezervirajte čvrste ostatke zobene kaše za recept za zobene pahuljice!
d) Ostavite smjesu u hladnjaku preko noći. Kada ste spremni za izradu sladoleda, ponovno ga izmiksajte uronjenom miješalicom dok ne postane glatka i kremasta.
e) Ulijte u aparat za sladoled i zamrznite prema uputama proizvođača. Čuvajte u hermetički zatvorenoj posudi i zamrznite preko noći.

26.Gelato od duple čokolade

SASTOJCI:

- ½ šalice gustog vrhnja
- 2 šalice mlijeka
- ¾ šalice šećera
- ¼ žličice soli
- 7 unci visokokvalitetne tamne čokolade
- 1 žličica ekstrakta vanilije
- Kokosov maslac

UPUTE:

a) Prvi korak se radi tako da se čokolada otopi, pa se malo ohladi. Stavite mlijeko, vrhnje i maslac u zdjelu i miksajte dok se dobro ne sjedine.
b) Pjenjačom umiješajte šećer i sol. Nastavite miješati oko 4 minute dok se šećer i sol ne otope. Zatim umiješajte ekstrakt vanilije.
c) Na kraju umiješajte čokoladu dok se dobro ne sjedini. Ulijte sastojke u aparat za sladoled i ostavite da se miješa 25 minuta.
d) Stavite gelato u hermetički zatvorenu posudu i stavite u zamrzivač do 2 sata, dok ne postignete željenu konzistenciju.

27.Gelato od trešnje i jagode

SASTOJCI:

- ½ šalice gustog vrhnja
- 2 šalice mlijeka
- ¾ šalice šećera
- Kokosov maslac
- 1 šalica narezanih jagoda
- 1 žlica ekstrakta vanilije

UPUTE:

a) Mikserom temeljito ispasirajte jagode. Stavite mlijeko, vrhnje i maslac u zdjelu i miksajte dok se dobro ne sjedine. Pjenjačom umiješajte šećer.
b) Nastavite mutiti oko 4 minute dok se šećer ne otopi. Zatim umiješajte ekstrakt vanilije i pire od jagoda.
c) Ulijte sastojke u aparat za sladoled i ostavite da se miješa 25 minuta.
d) Stavite gelato u hermetički zatvorenu posudu i stavite u zamrzivač do 2 sata, dok ne postignete željenu konzistenciju.

28. Gelato od limete s chia sjemenkama

SASTOJCI:

- Naribana korica i sok 4 limete
- ¾ šalice šećera
- šalice pola-pola
- veliki žumanjci
- 1¼ šalice gustog vrhnja
- ⅔ šalice chia sjemenki

UPUTE:

a) U procesoru hrane promiješajte koricu limete i šećer oko 5 puta kako biste izvadili ulja iz korice. Prebacite limetu šećer u zdjelu.

b) Djelomično napunite veliku zdjelu ledom i vodom, stavite srednju zdjelu u ledenu vodu i na vrh postavite fino cjedilo.

c) U loncu pomiješajte ½ šalice limete šećera i pola-pola. Pustite da lagano kuha na srednjoj vatri, miješajući da se šećer otopi.

d) U međuvremenu dodajte žumanjke u preostali šećer limete u posudi i miješajte pjenjačom da se sjedini.

e) Otprilike polovicu vruće smjese pola-pola postupno ulijevajte u žumanjke uz stalno miješanje, zatim tu smjesu umiješajte u smjesu pola-pola u loncu.

f) Kuhajte, neprestano miješajući, dok krema ne postane dovoljno gusta da prekrije stražnju stranu žlice, oko 5 minuta.

g) Ulijte kremu kroz cjedilo u pripremljenu zdjelu i miješajte dok se ne ohladi.

h) Umiješajte sok limete, vrhnje i chia sjemenke. Izvadite zdjelu iz ledene kupelji, pokrijte i stavite u hladnjak dok se krema ne ohladi, najmanje 2 sata ili najviše 4 sata.

i) Zamrznite i umutite u aparatu za sladoled prema uputama proizvođača. Za meku konzistenciju sladoled poslužite odmah; za čvršću konzistenciju prebacite u posudu, poklopite i ostavite u zamrzivaču 2 do 3 sata da se stvrdne.

29. Toblerone Gelato

SASTOJCI:
- 24 unce punomasnog mlijeka
- 2,7 unci smeđeg šećera
- 3 žlice kukuruznog škroba
- 2 žlice kakaa u prahu
- 1 ½ žlice meda
- ¾ žličice košer soli
- 2 unce omekšalog krem sira
- Tri pločice od 3,5 unce tamnog Tobleronea, nasjeckane
- 1 žlica vanilije
- 1 ½ žličice amaretta
- 1 pločica Toblerone, nasjeckana na male komadiće

UPUTE:
a) U loncu s debelim dnom pomiješajte mlijeko, šećer, kukuruzni škrob, kakao prah, med i sol. Zagrijte na srednjoj do srednje jakoj vatri, neprestano miješajući, dok smjesa ne zavrije.
b) Pustite temeljac da prokuha 10-15 sekundi, a zatim ulijte u zdjelu s krem sirom i 3 štanglice nasjeckanog Tobleronea. Dodajte vaniliju i amaretto i ostavite minutu da odstoji kako bi se sir i čokolada otopili.
c) Temeljac mutiti dok se čokolada i sir ne otope. Baza će sadržavati sitne komadiće badema.
d) Ulijte bazu u blender i miksajte dok ne postane glatka.
e) Procijedite temeljac u metalnu zdjelu postavljenu unutar veće zdjele napunjene ledenom vodom.
f) Povremeno promiješajte dok temperatura ne bude viša od 40F.
g) Umućkajte bazu prema uputama proizvođača. Kada je sladoled mekane konzistencije za posluživanje. dodajte zadnju pločicu sitno nasjeckane čokolade i mućkajte još 2 minute dok se bombon ravnomjerno ne rasporedi.
h) Spakirati u spremnik. Pritisnite plastičnu foliju izravno na površinu sladoleda i zamrznite 4-6 sati ili preko noći.

30.Čokoladni Nutella Gelato

SASTOJCI:
- ⅓ šalice gustog vrhnja
- 1 ⅓ šalice 2 % mlijeka
- ½ šalice granuliranog šećera
- 2 žlice Nutelle
- 2-3 žlice malih komadića tamne čokolade

UPUTE:
a) U srednje veliku do veliku zdjelu dodajte vrhnje, mlijeko i šećer tucite na srednjoj brzini 20 sekundi, a zatim ulijte u aparat za gelato.
b) Kada je gelato skoro gotov dodajte Nutellu i komadiće čokolade, te nastavite s aparatom za sladoled dok ne postignete željenu kremastost.

31. Gelato od trešnje

SASTOJCI:
- 2 šalice punomasnog mlijeka
- 5 žumanjaka
- 1 šalica šećera
- 1 šalica gustog vrhnja
- 1 žličica vanilije
- 2 žličice naribane naranče
- 1 funta trešanja bez koštica

UPUTE:
a) Žumanjke i šećer pjenasto izmiješajte u srednje jakoj posudi i zagrijavajte dok se šećer ne otopi. Dodajte mlijeko, naribanu naranču i vrhnje te miješajte dok se ne sjedini.
b) Kuhajte na srednjoj vatri uz stalno miješanje 8 – 10 minuta dok se ne zgusne.
c) Maknite s vatre.
d) Dodajte višnje i dobro ih izmiješajte u procesoru hrane. Umiješajte izmiksane višnje i vaniliju. Ulijte kroz fino cjedilo u plastičnu posudu. Pokrijte i stavite u hladnjak preko noći.
e) Stavite smjesu kroz aparat za sladoled prema uputama proizvođača.
f) Zamrznite do posluživanja.

32. Sladoled od kupina

SASTOJCI:
- 2 šalice punomasnog mlijeka
- 4 žumanjka
- 1 šalica šećera
- ½ šalice gustog vrhnja
- ½ žličice soli
- 2 šalice kupina

UPUTE:
a) Provucite kupine kroz fino sito postavljeno iznad posude za miješanje. Stražnjom stranom žlice gurnite pulpu kroz sito kako biste uklonili sok i pulpu bez korištenja sjemenki. Staviti na stranu.
b) Žumanjke i šećer pjenasto izmiješajte u srednje jakoj posudi i zagrijavajte dok se šećer ne otopi. Dodajte mlijeko, sol i vrhnje i miješajte dok se ne sjedini.
c) Kuhajte na srednjoj vatri uz stalno miješanje 8 – 10 minuta dok se ne zgusne.
d) Maknite s vatre.
e) Umiješajte sok i pulpu kupina. Ulijte kroz fino cjedilo u plastičnu posudu. Pokrijte i stavite u hladnjak preko noći.
f) Stavite smjesu kroz aparat za sladoled prema uputama proizvođača.
g) Zamrznite do posluživanja.

33. Gelato od malina

SASTOJCI:
- 2 šalice punomasnog mlijeka
- 4 žumanjka
- 1 ¼ šalice šećera
- 1 šalica gustog vrhnja
- 1 žličica soli
- 2 šalice malina

UPUTE:
a) Stavite maline kroz sito (po mogućnosti mrežasto) stavljeno iznad posude za miješanje. Zatim procijedite kroz cjedilo kako biste uklonili sok tako da uzmete stražnju stranu žlice i pritisnete je prema dolje. Ovo će ostaviti pulpu bez upotrebe sjemenki. Staviti na stranu.
b) U srednje velikoj tavi pomiješajte samo žumanjke i šećer miksajući ih i otopite šećer dok se dobro ne otopi. Dodajte mlijeko, sol i vrhnje i miješajte dok se ne sjedini.
c) Kuhajte na srednjoj vatri uz stalno miješanje 8 – 10 minuta dok se ne zgusne.
d) Maknite s vatre.
e) Umiješajte sok i pulpu maline. Ulijte kroz fino cjedilo u plastičnu posudu. Pokrijte i stavite u hladnjak preko noći.
f) Stavite smjesu kroz aparat za sladoled prema uputama proizvođača.
g) Zamrznite do posluživanja.

34.Gelato od borovnice

SASTOJCI:
- 2 šalice punomasnog mlijeka
- 5 žumanjaka
- 1 šalica šećera
- ½ šalice gustog vrhnja
- 1 žličica soli
- 2 šalice borovnica
- 1 ½ čajna žličica soka od limuna

UPUTE:
a) Žumanjke i šećer pjenasto izmiješajte u srednje jakoj posudi i zagrijavajte dok se šećer ne otopi. Dodajte mlijeko, sol i vrhnje i miješajte dok se ne sjedini.
b) Kuhajte na srednjoj vatri uz stalno miješanje 8 – 10 minuta dok se ne zgusne.
c) Maknite s vatre.
d) Stavite borovnice i limunov sok u multipraktik i obradite dok se ne sjedine. U tekućinu umiješajte smjesu borovnice i limuna. Ulijte kroz fino cjedilo u plastičnu posudu. Pokrijte i stavite u hladnjak preko noći.
e) Stavite smjesu kroz aparat za sladoled prema uputama proizvođača.
f) Zamrznite do posluživanja.

35. Gelato od manga

SASTOJCI:
- 2 šalice punomasnog mlijeka
- 4 žumanjka
- 1 šalica šećera
- 1 šalica gustog vrhnja
- 1 žličica soli
- 2 šalice pirea od manga
- 1 ½ žlica kukuruznog škroba

UPUTE:
a) Žumanjke i šećer pjenasto izmiješajte u srednje jakoj posudi i zagrijavajte dok se šećer ne otopi. Dodajte mlijeko, sol i vrhnje i miješajte dok se ne sjedini.
b) Kuhajte na srednjoj vatri uz stalno miješanje 8 – 10 minuta dok se ne zgusne.
c) Maknite s vatre.
d) Stavite mango i kukuruzni škrob u procesor hrane i obradite dok se ne pomiješaju. U tekućinu umiješajte smjesu manga. Ulijte kroz fino cjedilo u plastičnu posudu. Pokrijte i stavite u hladnjak preko noći.
e) Stavite smjesu kroz aparat za sladoled prema uputama proizvođača.
f) Zamrznite do posluživanja.

36.Gelato s maslacem od kikirikija

SASTOJCI:
- 2 šalice punomasnog mlijeka
- 5 žumanjaka
- ⅔ šalice šećera
- 1 ½ šalice gustog vrhnja
- 1 žličica soli
- 1 žličica vanilije
- ⅔ šalice maslaca od kikirikija

UPUTE:
a) Žumanjke i šećer pjenasto izmiješajte u srednje jakoj posudi i zagrijavajte dok se šećer ne otopi. Dodajte mlijeko, sol i vrhnje i miješajte dok se ne sjedini.
b) Kuhajte na srednjoj vatri uz stalno miješanje 8 – 10 minuta dok se ne zgusne.
c) Maknite s vatre.
d) U tekućinu umiješajte maslac od kikirikija i vaniliju. Ulijte kroz fino cjedilo u plastičnu posudu. Pokrijte i stavite u hladnjak preko noći.
e) Stavite smjesu kroz aparat za sladoled prema uputama proizvođača.
f) Zamrznite do posluživanja.

37.Gelato od lješnjaka

SASTOJCI:
- 2 šalice punomasnog mlijeka
- 5 žumanjaka
- ⅓ šalice šećera
- 1 ½ šalice gustog vrhnja
- 1 žličica soli
- 1 žličica vanilije
- 1 šalica prženih lješnjaka

UPUTE:
a) Žumanjke i šećer pjenasto izmiješajte u srednje jakoj posudi i zagrijavajte dok se šećer ne otopi. Dodajte mlijeko, sol i vrhnje i miješajte dok se ne sjedini.
b) Kuhajte na srednjoj vatri uz stalno miješanje 8 – 10 minuta dok se ne zgusne.
c) Maknite s vatre.
d) Tostirane lješnjake staviti u multipraktik i pulsirati. U tekućinu umiješajte lješnjak i vaniliju. Ulijte kroz fino cjedilo u plastičnu posudu. Pokrijte i stavite u hladnjak preko noći.
e) Stavite smjesu kroz aparat za sladoled prema uputama proizvođača.
f) Zamrznite do posluživanja.

38. Gelato od miješanog bobičastog voća

SASTOJCI:
- 2 šalice punomasnog mlijeka
- 4 žumanjka
- ½ šalice šećera
- 1 šalica gustog vrhnja
- 1 žličica soli
- 1 žličica vanilije
- ½ šalice borovnica
- ½ šalice malina

UPUTE:
a) Stavite maline kroz sito (po mogućnosti mrežasto) stavljeno iznad posude za miješanje. Stražnjom stranom žlice gurnite pulpu kroz sito kako biste uklonili sok i pulpu bez korištenja sjemenki. Staviti na stranu.
b) Žumanjke i šećer pjenasto izmiješajte u srednje jakoj posudi i zagrijavajte dok se šećer ne otopi. Dodajte mlijeko, sol i vrhnje i miješajte dok se ne sjedini.
c) Kuhajte na srednjoj vatri uz stalno miješanje 8 – 10 minuta dok se ne zgusne.
d) Maknite s vatre.
e) Stavite vaniliju, borovnice i sok i pulpu od malina u procesor hrane i miksajte dok se ne sjedine. U tekućinu umiješajte smjesu bobičastog voća i vanilije. Ulijte kroz fino cjedilo u plastičnu posudu. Pokrijte i stavite u hladnjak preko noći.
f) Stavite smjesu kroz aparat za sladoled prema uputama proizvođača.
g) Zamrznite do posluživanja.

39.Gelato od kokosa

SASTOJCI:

- 5 žumanjaka
- 2 šalice kokosovog mlijeka
- 1 šalica šećera
- 1 šalica gustog vrhnja
- 1 žličica soli
- 1 žličica vanilije
- kokosova voda od jednog svježeg kokosa
- ½ šalice nasjeckanog zaslađenog kokosa

UPUTE:

a) Pjenasto umutite žumanjke, kokosovu vodu od svježeg kokosa i šećer u srednjoj posudi i zagrijavajte dok se šećer ne otopi. Dodajte kokosovo mlijeko, sol i vrhnje i miješajte dok se ne sjedini.
b) Kuhajte na srednjoj vatri uz stalno miješanje 8 – 10 minuta dok se ne zgusne.
c) Maknite s vatre.
d) U tekućinu umiješajte ljuskice kokosa i smjesu vanilije. Ulijte kroz fino cjedilo u plastičnu posudu. Pokrijte i stavite u hladnjak preko noći.
e) Stavite smjesu kroz aparat za sladoled prema uputama proizvođača.
f) Zamrznite do posluživanja.

40.Gelato od bundeve

SASTOJCI:
- 2 šalice punomasnog mlijeka
- 4 žumanjka
- 1 šalica šećera
- 1 šalica gustog vrhnja
- 1 žličica soli
- 1 žličica vanilije
- 1 šalica pirea od bundeve
- 1 žličica cimeta
- ¼ šalice smeđeg šećera

UPUTE:
a) Žumanjke i šećer pjenasto izmiješajte u srednje jakoj posudi i zagrijavajte dok se šećer ne otopi. Dodajte mlijeko, sol i vrhnje i miješajte dok se ne sjedini.
b) Kuhajte na srednjoj vatri uz stalno miješanje 8 – 10 minuta dok se ne zgusne.
c) Maknite s vatre.
d) Pjenasto izmiješajte smeđi šećer, cimet, pire od bundeve i vaniliju pa ih umiješajte u tekućinu. Ulijte kroz fino cjedilo u plastičnu posudu. Pokrijte i stavite u hladnjak preko noći.
e) Stavite smjesu kroz aparat za sladoled prema uputama proizvođača.
f) Zamrznite do posluživanja.

41. Gelato od ananasa i kokosa

SASTOJCI:
- 2 šalice kokosovog mlijeka
- 5 žumanjaka
- 1 šalica šećera
- 1 šalica gustog vrhnja
- 1 žličica soli
- 1 žličica vanilije
- 1 – 20 unci konzerve zgnječenog ananasa - nemojte cijediti!
- ½ šalice nasjeckanog i zaslađenog kokosa

UPUTE:
a) Žumanjke i šećer pjenasto izmiješajte u srednje jakoj posudi i zagrijavajte dok se šećer ne otopi. Dodajte kokosovo mlijeko, sol i vrhnje i miješajte dok se ne sjedini.
b) Kuhajte na srednjoj vatri uz stalno miješanje 8 – 10 minuta dok se ne zgusne.
c) Maknite s vatre.
d) U multipraktik stavite zgnječene ananase, sok od ananasa iz konzerve, vaniliju i naribani kokos. Procesirajte dok se ne sjedini i umiješajte u tekućinu. Ulijte kroz fino cjedilo u plastičnu posudu. Pokrijte i stavite u hladnjak preko noći.
e) Stavite smjesu kroz aparat za sladoled prema uputama proizvođača.
f) Zamrznite do posluživanja.

42. Gelato od limunade

SASTOJCI:
- 2 šalice mlijeka
- 5 žumanjaka
- 1 šalica šećera
- 1 šalica gustog vrhnja
- 1 žličica soli
- ¾ šalice soka od limuna
- 3 žlice limunove korice

UPUTE:
a) Žumanjke i šećer pjenasto izmiješajte u srednje jakoj posudi i zagrijavajte dok se šećer ne otopi. Dodajte mlijeko, sol i vrhnje i miješajte dok se ne sjedini.
b) Kuhajte na srednjoj vatri uz stalno miješanje 8 – 10 minuta dok se ne zgusne.
c) Maknite s vatre.
d) U tekućinu umiješajte limunov sok i limunovu koricu. Ulijte kroz fino cjedilo u plastičnu posudu. Pokrijte i stavite u hladnjak preko noći.
e) Stavite smjesu kroz aparat za sladoled prema uputama proizvođača.
f) Zamrznite do posluživanja.

43.Gelato od avokada

SASTOJCI:
- 2 šalice mlijeka
- 4 žumanjka
- 1 šalica šećera
- 1 šalica gustog vrhnja
- 1 žličica soli
- Zest dvije naranče
- 2 oguljena avokada bez koštice
- 1 žličica ekstrakta vanilije

UPUTE:
a) Žumanjke i šećer pjenasto izmiješajte u srednje jakoj posudi i zagrijavajte dok se šećer ne otopi. Dodajte mlijeko, sol i vrhnje i miješajte dok se ne sjedini.
b) Kuhajte na srednjoj vatri uz stalno miješanje 8 – 10 minuta dok se ne zgusne.
c) Maknite s vatre.
d) Provucite avokado, narančinu koricu i vaniliju kroz procesor hrane. Procesira dok se ne izmiješa. Zatim ga ulijte u tekućinu.
e) Ulijte kroz fino cjedilo u plastičnu posudu. Pokrijte i stavite u hladnjak preko noći.
f) Stavite smjesu kroz aparat za sladoled prema uputama proizvođača.
g) Zamrznite do posluživanja.

44.Gelato od tamne čokolade

SASTOJCI:
- 2 šalice mlijeka
- 4 žumanjka
- 1 šalica gustog vrhnja
- 1 šalica šećera
- 1 žličica soli
- 1 žličica vanilije
- ½ šalice nezaslađenog tamnog kakaa u prahu
- 6 unci sitno nasjeckane tamne čokolade

UPUTE:
a) Žumanjke i šećer pjenasto izmiješajte u srednje jakoj posudi i zagrijavajte dok se šećer ne otopi. Dodajte mlijeko, sol i vrhnje i miješajte dok se ne sjedini.
b) Kuhajte na srednje jakoj vatri. Dodati tamnu čokoladu i miješati dok se čokolada ne otopi. Nastavite kuhati uz stalno miješanje 8 – 10 minuta dok se ne zgusne.
c) Maknite s vatre.
d) Umiješajte kakao prah i vaniliju. Ulijte kroz fino cjedilo u plastičnu posudu. Pokrijte i stavite u hladnjak preko noći.
e) Stavite smjesu kroz aparat za sladoled prema uputama proizvođača.
f) Zamrznite do posluživanja.

45.Gelato od karamele

SASTOJCI:
- 2 šalice punomasnog mlijeka
- ¼ šalice žumanjaka
- ¼ šalice bijelog granuliranog šećera
- ¼ žličice ekstrakta vanilije
- ½ šalice karamel umaka
- 1 šalica gustog vrhnja
- ⅛ žličice soli

UPUTE:
a) Pomiješajte punomasno mlijeko i vrhnje u malom loncu i zakuhajte na srednjoj vatri. Ugasite vatru čim zavrije i maknite posudu s vruće ploče štednjaka.
b) Dodajte karamel umak u mliječnu smjesu i umutite da se sjedini.
c) Dok čekate da smjesa vrhnja i mlijeka prokuha, žumanjke i šećer pjenasto izmiksajte dok ne postanu blijedi i pjenasti. Možda ćete htjeti upotrijebiti električni mikser za ovaj korak jer ćete morati mutiti neko vrijeme!
d) Dok mutite žumanjke, lagano ulijevajte vruću mliječnu smjesu u žumanjke, neprestano miješajući i zalijevajući da slučajno ne skuhate jaja na toplini mlijeka.
e) Dodajte smjesu mlijeka i jaja natrag u lonac i vratite na štednjak, kuhajući na laganoj vatri, dok smjesa ne postane dovoljno gusta da može prekriti stražnju stranu žlice. ali dok to radite morate paziti da nastavite miješati. Ne dopustite da mlijeko prokuha i ako vidite da se u smjesi počnu stvarati grudice, maknite smjesu s vatre i procijedite je kroz cjedilo.
f) Pustite da se gelato mix ohladi u hladnjaku, potpuno pokriven, najmanje 4 sata ili preko noći ako je moguće.
g) Nakon što se gelato mix ohladi, ulijte ga u aparat za sladoled i zamrznite gelato prema uputama aparata za sladoled. Gelato će biti teksture mekog sladoleda za posluživanje kada bude gotov u stroju za sladoled. U ovoj fazi, stavite ga u posudu prikladnu za zamrzavanje i stavite u zamrzivač najmanje dva sata. Poslužite lijepo i hladno kada budete spremni za uživanje!

46.Gelato od lješnjaka

SASTOJCI:
- 2 šalice punomasnog mlijeka
- ¼ šalice žumanjaka
- ½ šalice bijelog granuliranog šećera
- ¼ žličice ekstrakta vanilije
- 6 žlica paste od lješnjaka
- 1 šalica gustog vrhnja
- ⅛ žličice soli

UPUTE:
a) Pomiješajte punomasno mlijeko i vrhnje u malom loncu i zakuhajte na srednjoj vatri. Ugasite vatru čim zavrije i maknite posudu s vruće ploče štednjaka.
b) Dodajte ekstrakt vanilije i pastu od lješnjaka i umutite da se pasta otopi.
c) Dok čekate da smjesa vrhnja i mlijeka prokuha, žumanjke i šećer pjenasto izmiksajte dok ne postanu blijedi i pjenasti. Možda ćete htjeti upotrijebiti električni mikser za ovaj korak jer ćete morati mutiti neko vrijeme!
d) Dok mutite žumanjke, lagano ulijevajte vruću mliječnu smjesu u žumanjke, neprestano miješajući i zalijevajući da slučajno ne skuhate jaja na toplini mlijeka.
e) Dodajte smjesu mlijeka i jaja natrag u lonac i vratite na štednjak, kuhajući na laganoj vatri dok smjesa ne postane dovoljno gusta da prekrije poleđinu žlice, ali također ćete htjeti biti sigurni da neprestano miješate smjesu. Ne dopustite da mlijeko prokuha i ako vidite da se u smjesi počnu stvarati grudice, maknite smjesu s vatre i procijedite je kroz cjedilo.
f) Pustite da se gelato mix ohladi u hladnjaku, potpuno pokriven, najmanje 4 sata ili preko noći ako je moguće.
g) Nakon što se gelato mix ohladi, ulijte ga u aparat za sladoled i zamrznite gelato prema uputama aparata za sladoled. Gelato će biti teksture mekog sladoleda za posluživanje kada bude gotov u stroju za sladoled. U ovoj fazi, stavite ga u posudu prikladnu za zamrzavanje i stavite u zamrzivač najmanje dva sata. Poslužite lijepo i hladno kada budete spremni za uživanje!

47. Nutella Gelato

SASTOJCI:
- 2 šalice punomasnog mlijeka
- ¼ šalice žumanjaka
- ¼ šalice bijelog granuliranog šećera
- ¼ žličice ekstrakta vanilije
- ½ šalice Nutelle
- 1 šalica gustog vrhnja
- ⅛ žličice soli

UPUTE:
a) Pomiješajte punomasno mlijeko i vrhnje u malom loncu i zakuhajte na srednjoj vatri. Ugasite vatru čim zavrije i maknite posudu s vruće ploče štednjaka.
b) Dodajte ekstrakt vanilije i Nutellu i umutite da se pasta otopi.
c) Dok čekate da smjesa vrhnja i mlijeka prokuha, žumanjke i šećer pjenasto izmiksajte dok ne postanu blijedi i pjenasti. Možda ćete htjeti upotrijebiti električni mikser za ovaj korak jer ćete morati mutiti neko vrijeme!
d) Dok mutite žumanjke, lagano ulijevajte vruću mliječnu smjesu u žumanjke, neprestano miješajući i zalijevajući da slučajno ne skuhate jaja na toplini mlijeka.
e) Dodajte smjesu mlijeka i jaja natrag u lonac i vratite na štednjak, kuhajući na laganoj vatri dok smjesa ne postane dovoljno gusta da prekrije poleđinu žlice, ali pazite da neprestano miješate. Ne dopustite da mlijeko prokuha i ako vidite da se u smjesi počnu stvarati grudice, maknite smjesu s vatre i procijedite je kroz cjedilo.
f) Pustite da se gelato mix ohladi u hladnjaku, potpuno pokriven, najmanje 4 sata ili preko noći ako je moguće.
g) Nakon što se gelato mix ohladi, ulijte ga u aparat za sladoled i zamrznite gelato prema uputama aparata za sladoled. Gelato će biti teksture mekog sladoleda za posluživanje kada bude gotov u stroju za sladoled. U ovoj fazi, stavite ga u posudu prikladnu za zamrzavanje i stavite u zamrzivač najmanje dva sata. Poslužite lijepo i hladno kada budete spremni za uživanje!

48.Gelato od jagoda

SASTOJCI:
- 2 šalice punomasnog mlijeka
- ¼ šalice žumanjaka
- ½ šalice bijelog granuliranog šećera
- ¼ žličice ekstrakta vanilije
- 1 šalica nasjeckanih jagoda
- 1 šalica gustog vrhnja
- ⅛ žličice soli

UPUTE:
a) Pomiješajte punomasno mlijeko i vrhnje u malom loncu i zakuhajte na srednjoj vatri. Ugasite vatru čim zavrije i maknite posudu s vruće ploče štednjaka.
b) Dodajte ekstrakt vanilije i nasjeckane jagode i promiješajte.
c) Dok čekate da smjesa vrhnja i mlijeka prokuha, žumanjke i šećer pjenasto izmiksajte dok ne postanu blijedi i pjenasti. Možda ćete htjeti upotrijebiti električni mikser za ovaj korak jer ćete morati mutiti neko vrijeme!
d) Dok mutite žumanjke, lagano ulijevajte vruću mliječnu smjesu u žumanjke, neprestano miješajući i zalijevajući da slučajno ne skuhate jaja na toplini mlijeka.
e) Dodajte smjesu mlijeka i jaja natrag u lonac i vratite na štednjak, kuhajući na laganoj vatri, dok smjesa ne postane dovoljno gusta da pokrijete stražnju stranu žlice, ali pazite da neprestano miješate. Ne dopustite da mlijeko prokuha i ako vidite da se u smjesi počnu stvarati grudice, maknite smjesu s vatre i procijedite je kroz cjedilo.
f) Pustite da se gelato mix ohladi u hladnjaku, potpuno pokriven, najmanje 4 sata ili preko noći ako je moguće.
g) Nakon što se gelato mix ohladi, ulijte ga u aparat za sladoled i zamrznite gelato prema uputama aparata za sladoled. Gelato će biti teksture mekog sladoleda za posluživanje kada bude gotov u stroju za sladoled. U ovoj fazi, stavite ga u posudu prikladnu za zamrzavanje i stavite u zamrzivač najmanje dva sata. Poslužite lijepo i hladno kada budete spremni za uživanje!

49.Gelato s komadićima čokolade

SASTOJCI:
- 2 šalice punomasnog mlijeka
- ¼ šalice žumanjaka
- ½ šalice bijelog granuliranog šećera
- ¼ žličice ekstrakta vanilije
- 1 šalica gustog vrhnja
- ⅛ žličice soli
- 1 šalica malih komadića čokolade

UPUTE:
a) Pomiješajte punomasno mlijeko i vrhnje u malom loncu i zakuhajte na srednjoj vatri. Ugasite vatru čim zavrije i maknite posudu s vruće ploče štednjaka.
b) Dodajte ekstrakt vanilije.
c) Dok čekate da smjesa vrhnja i mlijeka prokuha, žumanjke i šećer pjenasto izmiksajte dok ne postanu blijedi i pjenasti. Možda ćete htjeti upotrijebiti električni mikser za ovaj korak jer ćete morati mutiti neko vrijeme!
d) Dok mutite žumanjke, lagano ulijevajte vruću mliječnu smjesu u žumanjke, neprestano miješajući i zalijevajući da slučajno ne skuhate jaja na toplini mlijeka.
e) Dodajte smjesu mlijeka i jaja natrag u lonac i vratite na štednjak, kuhajući na laganoj vatri, dok smjesa ne postane dovoljno gusta da prekrije poleđinu žlice i pazite da nastavite miješati. Ne dopustite da mlijeko prokuha i ako vidite da se u smjesi počnu stvarati grudice, maknite smjesu s vatre i procijedite je kroz cjedilo.
f) Pustite da se gelato mix ohladi u hladnjaku, potpuno pokriven, najmanje 4 sata ili preko noći ako je moguće.
g) Nakon što se gelato mix ohladi, ulijte ga u aparat za sladoled i zamrznite gelato prema uputama aparata za sladoled. Gelato će biti teksture mekog sladoleda za posluživanje kada bude gotov u stroju za sladoled.
h) Ubacite sitne komadiće čokolade, kratko promiješajte da se gelato ne otopi.
i) U ovoj fazi, stavite ga u posudu prikladnu za zamrzavanje i stavite u zamrzivač najmanje dva sata. Poslužite lijepo i hladno kada budete spremni za uživanje!

50.Cannoli Gelato

SASTOJCI:
- 2 šalice punomasnog mlijeka
- ¼ šalice žumanjaka
- ½ šalice bijelog granuliranog šećera
- ¼ žličice ekstrakta vanilije
- ½ šalice gustog vrhnja
- ½ šalice ricotte
- ⅛ žličice soli
- ½ šalice zdrobljenih ljuski cannolija
- ½ šalice malih komadića čokolade

UPUTE:
a) Pomiješajte punomasno mlijeko i vrhnje u malom loncu i zakuhajte na srednjoj vatri. Ugasite vatru čim zavrije i maknite posudu s vruće ploče štednjaka.
b) Dodajte ekstrakt vanilije.
c) Dok čekate da smjesa vrhnja i mlijeka prokuha, žumanjke i šećer pjenasto izmiksajte dok ne postanu blijedi i pjenasti. Možda ćete htjeti upotrijebiti električni mikser za ovaj korak jer ćete morati mutiti neko vrijeme!
d) Dok mutite žumanjke, lagano ulijevajte vruću mliječnu smjesu u žumanjke, neprestano miješajući i zalijevajući da slučajno ne skuhate jaja na toplini mlijeka.
e) Dodajte smjesu mlijeka i jaja natrag u lonac i vratite na štednjak, kuhajući na laganoj vatri, dok smjesa ne postane dovoljno gusta da može prekriti stražnju stranu žlice i pazite da nastavite miješati. Ne dopustite da mlijeko prokuha i ako vidite da se u smjesi počnu stvarati grudice, maknite smjesu s vatre i procijedite je kroz cjedilo.
f) Umiješajte ricottu dok se dobro ne sjedini.
g) Pustite da se gelato mix ohladi u hladnjaku, potpuno pokriven, najmanje 4 sata ili preko noći ako je moguće.
h) Nakon što se gelato mix ohladi, ulijte ga u aparat za sladoled i zamrznite gelato prema uputama aparata za sladoled. Gelato će biti teksture mekog sladoleda za posluživanje kada bude gotov u stroju za sladoled.
i) Ubacite zdrobljene ljuske cannolija i male komadiće čokolade i stavite ih u posudu prikladnu za zamrzavanje i stavite u zamrzivač najmanje dva sata. Poslužite lijepo i hladno kada budete spremni za uživanje!

51.Gelato od višanja

SASTOJCI:
- 2 šalice punomasnog mlijeka
- ¼ šalice žumanjaka
- ½ šalice bijelog granuliranog šećera
- ¼ žličice ekstrakta vanilije
- 1 šalica gustog vrhnja
- ⅛ žličice soli
- 1 šalica nasjeckanih višanja

UPUTE:
a) Pomiješajte punomasno mlijeko i vrhnje u malom loncu i zakuhajte na srednjoj vatri. Ugasite vatru čim zavrije i maknite posudu s vruće ploče štednjaka.
b) Dodajte ekstrakt vanilije.
c) Dok čekate da smjesa vrhnja i mlijeka prokuha, žumanjke i šećer pjenasto izmiksajte dok ne postanu blijedi i pjenasti. Možda ćete htjeti upotrijebiti električni mikser za ovaj korak jer ćete morati mutiti neko vrijeme!
d) Dok mutite žumanjke, lagano ulijevajte vruću mliječnu smjesu u žumanjke, neprestano miješajući i zalijevajući da slučajno ne skuhate jaja na toplini mlijeka.
e) Dodajte smjesu mlijeka i jaja natrag u lonac i vratite na štednjak, kuhajući na laganoj vatri, dok smjesa ne postane dovoljno gusta da može prekriti stražnju stranu žlice i pazite da nastavite miješati. Ne dopustite da mlijeko prokuha i ako vidite da se u smjesi počnu stvarati grudice, maknite smjesu s vatre i procijedite je kroz cjedilo.
f) Pustite da se gelato mix ohladi u hladnjaku, potpuno pokriven, najmanje 4 sata ili preko noći ako je moguće.
g) Nakon što se gelato mix ohladi, ulijte ga u aparat za sladoled i zamrznite gelato prema uputama aparata za sladoled. Gelato će biti teksture mekog sladoleda za posluživanje kada bude gotov u stroju za sladoled.
h) Višnje kratko umiješajte, samo da se umiješaju ali pazite da se sladoled ne otopi.
i) Stavite ga u posudu za zamrzavanje i stavite u zamrzivač najmanje dva sata. Poslužite lijepo i hladno kada budete spremni za uživanje!

52.Začinjeni čokoladni gelato

SASTOJCI:
- 2 šalice punomasnog mlijeka
- 1 čili papričica, prerezana na pola bez sjemenki
- ¼ šalice žumanjaka
- ¾ šalice bijelog granuliranog šećera
- ¼ žličice ekstrakta vanilije
- 1 šalica gustog vrhnja
- 1 šalica komadića tamne čokolade
- ⅛ žličice soli

UPUTE:
a) Pomiješajte punomasno mlijeko, cijelu čili papričicu i vrhnje u malom loncu i zakuhajte na srednjoj vatri. Ugasite vatru čim zavrije i maknite posudu s vruće ploče štednjaka. Pustite smjesu da odstoji 30 minuta, zatim uklonite čili papričicu i bacite je.
b) Dodajte ekstrakt vanilije i promiješajte.
c) Dok čekate da smjesa vrhnja i mlijeka prokuha, žumanjke i šećer pjenasto izmiksajte dok ne postanu blijedi i pjenasti. Možda ćete htjeti upotrijebiti električni mikser za ovaj korak jer ćete morati mutiti neko vrijeme!
d) Dok mutite žumanjke, lagano ulijevajte vruću mliječnu smjesu u žumanjke, neprestano miješajući i zalijevajući da slučajno ne skuhate jaja na toplini mlijeka.
e) Dodajte smjesu mlijeka i jaja natrag u lonac i vratite na štednjak, kuhajte na laganoj vatri, neprestano miješajući, dok smjesa ne postane dovoljno gusta da može prekriti stražnju stranu žlice.
f) Vruću smjesu prelijte preko komadića čokolade i miješajte dok se čokolada ne otopi i umiješa u bazu gelata.
g) Pustite da se gelato mix ohladi u hladnjaku, potpuno pokriven, najmanje 4 sata ili preko noći ako je moguće.
h) Nakon što se gelato mix ohladi, ulijte ga u aparat za sladoled i zamrznite gelato prema uputama aparata za sladoled. Gelato će biti teksture mekog sladoleda za posluživanje kada bude gotov u stroju za sladoled. U ovoj fazi, stavite ga u posudu prikladnu za zamrzavanje i stavite u zamrzivač najmanje dva sata. Poslužite lijepo i hladno kada budete spremni za uživanje!

SUNDAES

53. Knickerbocker Glory

SASTOJCI:
- svježe jagode i trešnje
- 2 kuglice sladoleda od vanilije
- 6 do 8 žlica voćnog želea
- jagoda ili malina
- 2 kuglice sladoleda od jagode
- 1/2 šalice tučenog vrhnja
- prepečeni narezani bademi

UPUTE:
a) Rasporedite malo svježeg voća na dno dviju ohlađenih čaša za sladoled. Dodajte kuglicu sladoleda od vanilije, zatim malo voćnog želea i malo voćnog umaka.
b) Zatim dodajte sladoled od jagoda, a zatim još voćnog umaka. Sada na vrh stavite šlag, svježe voće i orašaste plodove, nakon čega slijedi još umaka i nekoliko orašastih plodova.
c) Vratite u zamrzivač na najviše 30 minuta ili odmah pojedite. Oni nisu za čuvanje, stoga ih pripremite po potrebi.
d) Dobro je imati izbor prikladnih **sastojaka** gotov prije početka, kao i dobro ohlađene čaše.

54.Breskva Melba

SASTOJCI:
- 4 velike zrele breskve, oguljene
- sitno naribanu koricu i sok od 1 limuna
- 3 žlice slastičarskog šećera
- 8 kuglica sladoleda od vanilije

ZA UMAK MELBA
- 1 1/2 šalice zrelih malina
- 2 žlice želea od crvenog ribiza
- 2 žlice najfinijeg šećera

UPUTE:
a) Breskve prerežite na pola i izvadite im koštice. Čvrsto stavite polovice breskvi u vatrostalnu posudu i premažite ih sokom od limuna. Obilno pospite slastičarskim šećerom. Stavite posudu ispod prethodno zagrijane peći za pečenje na 5 do 7 minuta ili dok ne poprimi zlatnu boju i mjehuriće. Neka se ohladi.

b) Za umak zagrijte maline sa želeom i šećerom, a zatim ih protisnite kroz sito. Neka se ohladi.

c) Rasporedite breskve na pladanj za posluživanje s 1 ili 2 kuglice sladoleda. Prelijte melba umakom i završite s komadićima limunove korice.

55. Čokoladno orašasti sladoled

SASTOJCI:
- 1 kuglica bogatog čokoladnog sladoleda
- 1 kuglica sladoleda od oraha oraha od maslaca
- 2 žlice Čokoladni umak
- 2 žlice prženih miješanih orašastih plodova
- čokoladne pahuljice, kovrče ili posuti

UPUTE:
a) Dvije kuglice sladoleda rasporedite u ohlađenu posudu za sladoled.
b) Prelijte čokoladnim preljevom, a zatim pospite orasima i čokoladom.

ŠERBET

56.Sorbet od miješanog bobičastog voća

SASTOJCI:
- 3 šalice miješanog bobičastog voća
- 1 šalica šećera
- 2 šalice vode
- Sok od 1 limete
- ½ žličice košer soli

UPUTE:
a) U zdjelu pomiješajte sve bobičasto voće i šećer. Ostavite bobice da se maceriraju na sobnoj temperaturi 1 sat dok ne puste sok.
b) Prebacite bobičasto voće i njihov sok u blender ili procesor hrane i dodajte vodu, sok limete i sol. Pulsirajte dok se dobro ne sjedini. Prebacite u posudu, pokrijte i stavite u hladnjak dok se ne ohladi, najmanje 2 sata ili do preko noći.
c) Zamrznite i umutite u aparatu za sladoled prema uputama proizvođača. Za meku konzistenciju poslužite sorbet odmah; za čvršću konzistenciju prebacite u posudu, poklopite i ostavite u zamrzivaču 2 do 3 sata da se stvrdne.

57. Sorbet od jagoda i kamilice

SASTOJCI:
- ¾ šalice vode
- ½ šalice meda
- 2 žlice pupoljaka čaja od kamilice
- 15 većih smrznutih jagoda
- ½ žličice mljevenog kardamona
- 2 žličice svježeg lišća metvice

UPUTE:
a) Zakuhajte vodu i dodajte med, kardamom i kamilicu.
b) Maknite s vatre nakon 5 minuta i ohladite dok se ne ohladi.
c) Smrznute jagode stavite u multipraktik i sitno nasjeckajte.
d) Dodajte ohlađeni sirup i miješajte dok ne postane vrlo glatko.
e) Žlicom vadite i spremite u posudu u zamrzivač. Poslužite s listićima mente.

58.Sorbet od jagoda, ananasa i naranče

SASTOJCI:
- 1¼ funte jagoda, oljuštenih i narezanih na četvrtine
- 1 šalica šećera
- 1 šalica ananasa narezanog na kockice
- ½ šalice svježe iscijeđenog soka od naranče
- Sok od 1 male limete
- ½ žličice košer soli

UPUTE:
a) U zdjelu pomiješajte jagode i šećer.
b) Ostavite bobice da se maceriraju na sobnoj temperaturi dok ne puste sok, oko 30 minuta.
c) U blenderu ili procesoru hrane pomiješajte jagode i njihov sok s ananasom, sokom od naranče, sokom od limete i soli. Pasirajte dok ne postane glatko.
d) Ulijte smjesu u zdjelu (ako više volite savršeno glatki sorbet, izlijte smjesu kroz cjedilo s finom mrežicom postavljenom preko zdjele), poklopite i stavite u hladnjak dok se ne ohladi, najmanje 2 sata ili najviše preko noći.
e) Zamrznite i umutite u aparatu za sladoled prema uputama proizvođača.
f) Za meku konzistenciju poslužite sorbet odmah; za čvršću konzistenciju prebacite u posudu, poklopite i ostavite u zamrzivaču 2 do 3 sata da se stvrdne.

59. Sorbet od banane i jagode

SASTOJCI:
- 2 zrele banane
- 2 žlice soka od limuna
- 1½ šalice smrznutih (nezaslađenih) jagoda.
- ½ šalice soka od jabuke

UPUTE:
a) Narežite banane na ploške od četvrt inča, premažite ih limunovim sokom, stavite na lim za kekse i zamrznite.
b) Nakon što su banane zamrznute, ispasirajte ih s preostalim sastojcima u uređaju po vašem izboru.
c) Poslužite odmah u ohlađenim čašama. Ostaci se ne smrzavaju dobro, ali čine finu aromu za domaći jogurt.

60.Sorbet od malina

SASTOJCI:
- 4 unce granuliranog šećera
- 1 funta svježih malina, odmrznutih ako su smrznute
- 1 limun

UPUTE:
a) Stavite šećer u lonac i dodajte 150 ml/¼ litre vode. Lagano zagrijavajte uz miješanje dok se šećer ne otopi. Pojačajte vatru i brzo kuhajte oko 5 minuta dok smjesa ne postane sirupasta.
b) Maknite s vatre i ostavite da se ohladi.
c) U međuvremenu stavite maline u procesor hrane ili blender i pasirajte dok ne postane glatko. Smjesu procijedite kroz nemetalno sito kako biste uklonili sjemenke.
d) Iscijedite sok iz limuna.
e) Prelijte sirup u veliki vrč i umiješajte pire od malina i limunov sok.
f) Pokrijte i ostavite u hladnjaku oko 30 minuta ili dok se dobro ne ohladi.
g) Stavite smjesu u aparat za sladoled i zamrznite prema uputama.

61. Tristar sorbet od jagoda

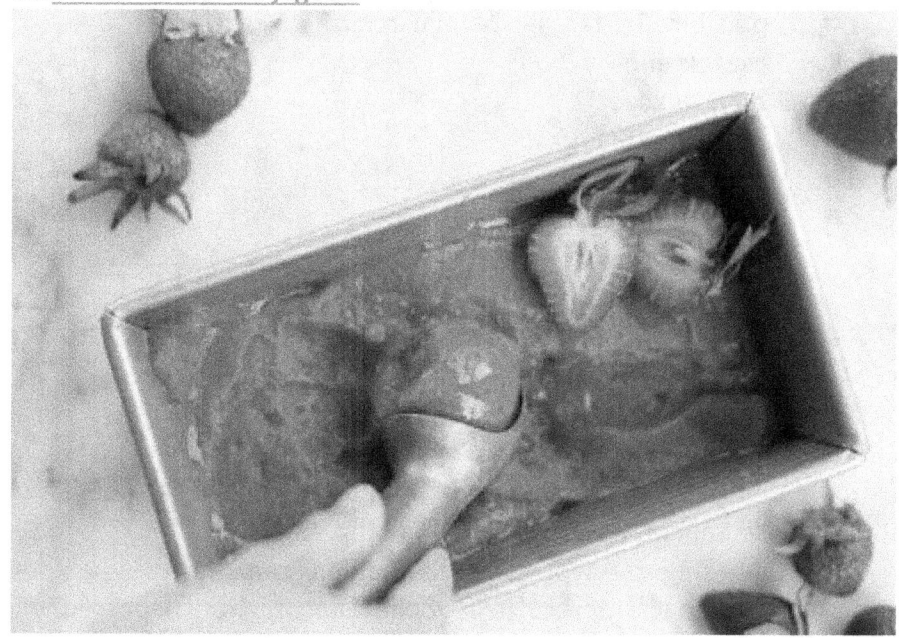

SASTOJCI:
- 2 pola litre Tristar jagoda, oljuštenih
- 1 list želatine
- 2 žlice glukoze
- 2 žlice šećera
- ⅛ žličice košer soli
- ⅛ žličice limunske kiseline

UPUTE:
a) Pasirajte jagode u blenderu. Procijedite pire kroz sitno sito u zdjelu da ocijedite koštice.
b) Prokuhajte želatinu.
c) Pire od jagoda malo zagrijte i umiješajte želatinu da se otopi. Umiješajte preostali pire od jagoda, glukozu, šećer, sol i limunsku kiselinu dok se sve potpuno ne otopi i sjedini.
d) Ulijte smjesu u svoj aparat za sladoled i zamrznite prema uputama proizvođača. Sorbet je najbolje centrifugirati neposredno prije posluživanja ili upotrebe, ali će u hermetički zatvorenoj posudi u zamrzivaču ostati do 2 tjedna.

62. Sorbete De Jamaica

SASTOJCI:
- 2½ šalice sušenog lišća Jamajke
- 1 litra vode
- ½ unce svježeg đumbira, sitno nasjeckanog 1 šalicu šećera
- 1 žlica svježe iscijeđenog soka limete
- 2 žlice limoncella

UPUTE:
a) Napravi čaj. Stavite listove Jamaice u lonac ili zdjelu, zakuhajte vodu i prelijte je preko listova. Pokrijte i kuhajte 15 minuta. Procijedite čaj i bacite listove Jamaice.
b) Napravite podlogu za sorbet. Stavite đumbir u blender, dodajte 1 šalicu čaja i miksajte dok se potpuno ne pretvori u pire, 1-2 minute. Dodajte još 1-½ šalice čaja i ponovno promiješajte.
c) Temeljac za sorbet ulijte u lonac, dodajte šećer i prokuhajte, miješajući da se šećer otopi. Maknite lonac s vatre čim temeljac za sorbet zavrije. Umiješajte sok limete i ohladite. Hladite podlogu dok ne dosegne 60°F.
d) Zamrznite sorbet. U ohlađenu podlogu dodajte limoncello i ulijte u aparat za sladoled. Zamrznite prema uputama proizvođača dok ne postane smrznuto, ali još uvijek bljuzgavo, 20-30 minuta.

63. Sorbet od marakuje

SASTOJCI:
- 1 žličica želatine u prahu
- 2 limuna
- 9 unci granuliranog šećera
- 8 plodova marakuje

UPUTE:

a) Izmjerite 2 žlice vode u malu zdjelicu ili šalicu, posipajte želatinu i ostavite stajati 5 minuta. Iscijedite sok iz limuna.

b) Stavite šećer u lonac i dodajte 300 ml/½ litre vode. Lagano zagrijavajte uz miješanje dok se šećer ne otopi. Pojačajte vatru i brzo kuhajte oko 5 minuta dok smjesa ne postane sirupasta.

c) Maknite s vatre, dodajte limunov sok pa miješajte želatinu dok se ne otopi.

d) Prepolovite marakuju i malom žlicom izdubite sjemenke i pulpu u sirup. Ostaviti da se ohladi.

e) Pokrijte i ostavite u hladnjaku najmanje 30 minuta ili dok se dobro ne ohladi.

f) Ohlađeni sirup procijedite kroz nemetalno sito da uklonite sjemenke.

g) Stavite smjesu u aparat za sladoled i zamrznite prema uputama.

h) Prebacite u prikladnu posudu i zamrznite dok ne bude potrebno.

64. Sorbet od kivija

SASTOJCI:
- 8 plodova kivija
- 1⅓ šalice jednostavnog sirupa
- 4 žličice svježeg soka od limuna

UPUTE:
a) Ogulite kivije. Pasirajte u multipraktiku. Trebali biste dobiti oko 2 šalice pirea.
b) Umiješajte jednostavan sirup i limunov sok.
c) Smjesu ulijte u posudu aparata za sladoled i zamrznite. Molimo slijedite upute proizvođača.

65.Sorbet od dunja

SASTOJCI:
- 1½ funte zrelih dunja (oko 4 male do srednje)
- 6 šalica vode
- 1 (3 inča) komad meksičkog cimeta
- ¾ šalice šećera
- Sok od ½ limuna
- Prstohvat košer soli

UPUTE:
a) Dunje ogulite, narežite na četvrtine i izvadite im jezgru.
b) Stavite komade u lonac i dodajte vodu, cimet i šećer.
c) Kuhajte, bez poklopca, na srednjoj vatri, povremeno miješajući, dok dunje ne omekšaju, oko 30 minuta, pazeći da smjesa uvijek kuha i nikada ne proključa.
d) Uklonite s vatre, poklopite i ostavite da se ohladi 2 do 3 sata; boja će za to vrijeme potamniti.
e) Izvadite i bacite cimet. Prebacite smjesu dunja u blender, dodajte sok od limuna i sol, te pire dok ne postane glatko.
f) Ulijte smjesu kroz cjedilo s finom mrežicom postavljeno iznad zdjele. Pokrijte i stavite u hladnjak dok se ne ohladi, najmanje 2 sata ili do preko noći.
g) Zamrznite i umutite u aparatu za sladoled prema uputama proizvođača.
h) Za meku konzistenciju poslužite sorbet odmah; za čvršću konzistenciju prebacite u posudu, poklopite i ostavite u zamrzivaču 2 do 3 sata da se stvrdne

66.Sorbet od guave

SASTOJCI:
- 1 list želatine
- 325 g guava nektara [1¼ šalice]
- 100 g glukoze [¼ šalice]
- 0,25 g soka od limete [⅛ žličice]
- 1 g košer soli [¼ žličice]

UPUTE:
a) Prokuhajte želatinu.
b) Zagrijte malo nektara guave i umiješajte želatinu da se otopi. Umiješajte preostali nektar guave, glukozu, sok limete i sol dok se sve potpuno ne otopi i sjedini.
c) Ulijte smjesu u svoj aparat za sladoled i zamrznite prema uputama proizvođača. Sorbet je najbolje centrifugirati neposredno prije posluživanja ili upotrebe, ali će u hermetički zatvorenoj posudi u zamrzivaču ostati do 2 tjedna.

67. Sorbet od nara i đumbira

SASTOJCI:
- 1 šalica granuliranog šećera
- ½ šalice vode
- 1 žlica grubo nasjeckanog svježeg đumbira
- 2 šalice 100% soka od nara
- ¼ šalice St. Germain likera po želji

UKRASITI:
- svježi arils od nara po želji

UPUTE:

a) Pomiješajte šećer, vodu i đumbir u malom loncu. Zakuhajte, smanjite vatru i kuhajte uz povremeno miješanje dok se šećer potpuno ne otopi. Prebacite u posudu, poklopite i ostavite da se potpuno ohladi u hladnjaku. To će trajati najmanje 20 do 30 minuta, ili dulje.

b) Nakon što se jednostavni sirup ohladi, procijedite ga kroz sitno sito postavljeno iznad velike zdjele za miješanje. Odbacite komadiće đumbira. U zdjelu sa sirupom dodajte sok od nara i liker St. Germain. Dobro umutiti.

c) Smjesu umutiti u aparatu za sladoled prema uputama proizvođača. Sorbet je gotov kada teksturom podsjeća na gustu kašu.

d) Premjestite sorbet u hermetički zatvorenu posudu, pokrijte površinu plastičnom folijom i zamrznite dodatnih 4 do 6 sati, ili idealno preko noći. Poslužite i ukrasite svježim plodovima nara.

68.Sorbet od brusnice i jabuke

SASTOJCI:

- 2 jabuke Golden Delicious,
- oguljeno,
- Bez jezgre i grubo nasjeckani
- 2 šalice soka od brusnice

UPUTE:

e) U loncu srednje veličine pomiješajte jabuke i sok. Zagrijte do vrenja.
f) Smanjite vatru da zavrije, poklopite i kuhajte 20 minuta ili dok jabuke ne omekšaju.
g) Otklopite i ostavite sa strane da se ohladi na sobnu temperaturu.
h) U procesoru hrane ili blenderu pasirajte jabuke i sok dok ne postanu glatki.
i) Ulijte u aparat za sladoled i preradite u sorbet prema uputama proizvođača. (idite na 9.) ILI 6. Ako ne koristite aparat za sladoled, izlijte pire u četvrtastu posudu od 9 inča. Pokrijte i zamrznite dok se djelomično ne zamrzne - oko 2 sata.
j) U međuvremenu ohladite veliku zdjelu i miješalice u električnoj miješalici.
k) Stavite pire u ohlađenu zdjelu i tucite na maloj brzini dok se komadići ne razbiju, zatim tucite na velikoj brzini dok ne postane glatko i pahuljasto -- oko 1 minutu.
l) Spakirajte sorbet u posudu za zamrzavanje i zamrznite nekoliko sati prije posluživanja.

69. Sorbet od lubenice

SASTOJCI:
- 1 ½ funte lubenice, izvagane bez sjemenki ili kože
- 1 ¼ šalice granuliranog šećera
- 2 štapića cimeta
- 2 žlice zdrobljenih sjemenki korijandera
- 3 žlice soka od limuna

UPUTE:
a) Reducirajte meso lubenice u pire.
b) U loncu za umake otopite šećer u 2 šalice vode. Dodajte štapiće cimeta i sjemenke korijandera i kuhajte 5 minuta. Pokrijte i ostavite da se ulije dok se ne ohladi.
c) Procijedite sirup u pire od lubenice i umiješajte limunov sok. Ulijte smjesu u posudu. Pokrijte i zamrznite dok se ne stegne, miješajući 3 puta u intervalima od 45 minuta.
d) Otprilike 30 minuta prije posluživanja prebacite sorbet u hladnjak.

70. Cactus Paddle Sorbet s ananasom i limetom

SASTOJCI:
- ¾ funte lopatice kaktusa (nopales), očišćene
- 1½ šalice krupne morske soli
- ¼ šalice svježe iscijeđenog soka od limete
- 1½ šalice ananasa narezanog na kockice (oko ½ ananasa)
- 1 šalica šećera
- ¾ šalice vode
- 2 žlice meda

UPUTE:
a) Izrežite očišćene lopatice kaktusa na kvadrate veličine otprilike 1 inča. U zdjelu pospite kaktus sa soli.
b) Ostaviti na sobnoj temperaturi 1 sat; sol će izvući prirodnu sluz iz kaktusa.
c) Prebacite kaktus u cjedilo i isperite pod hladnom tekućom vodom kako biste uklonili svu sol i sluz. Dobro ocijediti.
d) U blenderu izmiksajte kaktus, sok limete, ananas, šećer, vodu i med dok ne postane glatko.
e) Ulijte smjesu u zdjelu, pokrijte i ostavite u hladnjaku dok se ne ohladi, najmanje 2 sata ili najviše 5 sati.
f) Zamrznite i umutite u aparatu za sladoled prema uputama proizvođača.
g) Za meku konzistenciju poslužite sorbet odmah; za čvršću konzistenciju prebacite u posudu, poklopite i ostavite u zamrzivaču 2 do 3 sata da se stvrdne.

71.Sorbet od avokada i marakuje

SASTOJCI:
- 2 šalice svježeg ili otopljenog smrznutog pirea od marakuje
- ¾ šalice plus 2 žlice šećera
- 2 manja zrela avokada
- ½ žličice košer soli
- 1 žlica svježe iscijeđenog soka limete

UPUTE:
a) U malom loncu pomiješajte pire od marakuje i šećer.
b) Kuhajte na srednje jakoj vatri uz miješanje dok se šećer ne otopi.
c) Maknite s vatre i ostavite da se ohladi na sobnoj temperaturi.
d) Avokado prerežite na pola po dužini. Uklonite koštice i izvucite meso u blender ili procesor hrane.
e) Dodajte ohlađenu smjesu marakuje i sol i miješajte dok ne postane glatka, stružući po potrebi niz stranice vrča ili zdjele blendera.
f) Dodajte sok limete i miješajte dok se ne sjedini. Ulijte smjesu u zdjelu, pokrijte i stavite u hladnjak da se ohladi, oko 2 sata.
g) Zamrznite i umutite u aparatu za sladoled prema uputama proizvođača.
h) Za meku konzistenciju poslužite sorbet odmah; za čvršću konzistenciju prebacite ga u posudu, pokrijte i ostavite da se stvrdne u zamrzivaču 2 do 3 sata.

72.Soursop Sorbet

SASTOJCI:
- 3 šalice svježe pulpe kiselog soka (od 1 velike ili 2 male voćke)
- 1 šalica šećera
- ⅔ šalice vode
- 1 žlica svježe iscijeđenog soka limete
- Prstohvat košer soli

UPUTE:
a) Uzdužno prerežite kiselicu velikim nožem na pola. Koristeći žlicu, izvadite meso i sjemenke u mjernu posudu; trebate ukupno 3 šalice. Odbacite kožu.
b) U posudi pomiješajte kiselu sopu i šećer i miješajte drvenom kuhačom, usitnjavajući voće što je više moguće. Umiješajte vodu, sok limete i sol.
c) Pokrijte i stavite u hladnjak dok se ne ohladi, najmanje 2 sata ili do preko noći.
d) Zamrznite i umutite u aparatu za sladoled prema uputama proizvođača.

73. Za resh sorbet od ananasa

SASTOJCI:
- 1 mali zreli havajski ananas
- 1 šalica jednostavnog sirupa
- 2 žlice svježeg soka od limuna

UPUTE:
a) Ananas ogulite, izvadite jezgru i narežite na kockice.
b) Stavite kockice u multipraktik i obradite dok ne postanu vrlo glatke i pjenaste.
c) Umiješajte jednostavan sirup i limunov sok.
d) Kušajte i po potrebi dodajte još sirupa ili soka.
e) Smjesu ulijte u posudu aparata za sladoled i zamrznite.
f) Molimo slijedite upute proizvođača.

74.Sorbet od bijele breskve

SASTOJCI:
- 5 zrelih bijelih breskvi
- 1 list želatine
- ¼ šalice glukoze
- ½ žličice košer soli
- ⅛ žličice limunske kiseline

UPUTE:
a) Breskve prerežite na pola i izvadite im koštice. Ubacite ih u blender i pasirajte dok ne postanu glatki i homogeni, 1 do 3 minute.
b) Propasirajte pire kroz sitno sito u zdjelu srednje veličine.
c) Kutlačom ili žlicom pritisnite talog pirea kako biste izvukli što više soka; trebali biste odbaciti samo nekoliko žlica krute tvari.
d) Prokuhajte želatinu.
e) Malo zagrijte pire od breskvi i umiješajte želatinu da se otopi. Umiješajte preostali pire od breskve, glukozu, sol i limunsku kiselinu dok se sve potpuno ne otopi i sjedini.
f) Ulijte smjesu u svoj aparat za sladoled i zamrznite prema uputama proizvođača.
g) Sorbet je najbolje centrifugirati neposredno prije posluživanja ili upotrebe, ali će u hermetički zatvorenoj posudi u zamrzivaču ostati do 2 tjedna.

75.Sorbet od kruške

SASTOJCI:
- 1 list želatine
- 2⅓ šalice pirea od kruške
- 2 žlice glukoze
- 1 žlica cvijeta bazge srdačnog
- ⅛ žličice košer soli
- ⅛ žličice limunske kiseline

UPUTE:
a) Prokuhajte želatinu.
b) Pire od krušaka malo zagrijte i umiješajte želatinu da se otopi. Umiješajte ostatak pirea od kruške, glukozu, bazgino voće, sol i limunsku kiselinu dok se sve potpuno ne otopi i sjedini.
c) Ulijte smjesu u svoj aparat za sladoled i zamrznite prema uputama proizvođača. Sorbet je najbolje centrifugirati neposredno prije posluživanja ili upotrebe, ali će u hermetički zatvorenoj posudi u zamrzivaču ostati do 2 tjedna.

76. Concord sorbet od grožđa

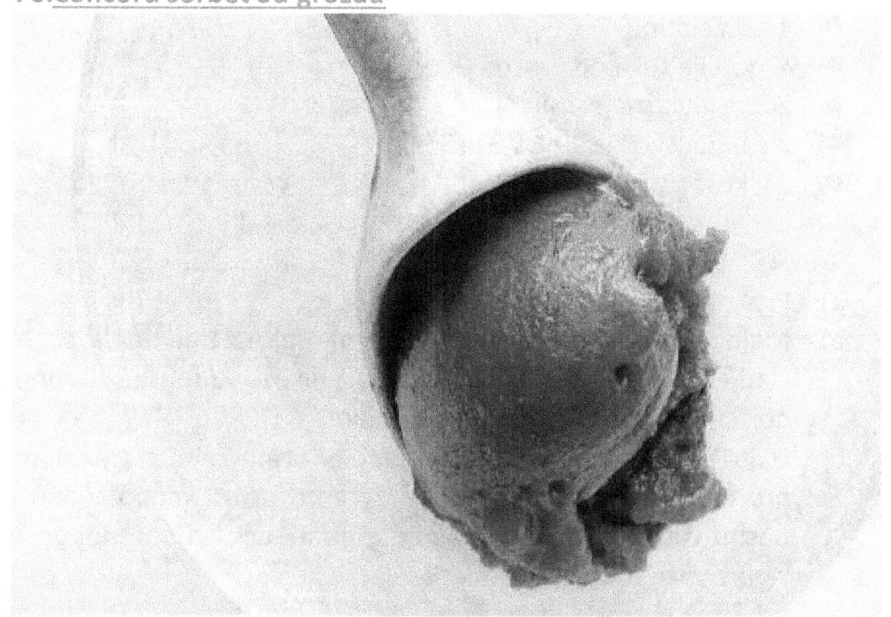

SASTOJCI:
- 1 list želatine
- ½ porcije soka od grožđa Concord
- 200 g glukoze [½ šalice]
- 2 g limunske kiseline [½ žličice]
- 1 g košer soli [¼ žličice]

UPUTE:
a) Prokuhajte želatinu.
b) Malo zagrijte sok od grožđa i umiješajte želatinu da se otopi. Umiješajte preostali sok od grožđa, glukozu, limunsku kiselinu i sol dok se sve potpuno ne otopi i sjedini.
c) Ulijte smjesu u svoj aparat za sladoled i zamrznite prema uputama proizvođača. Sorbet je najbolje centrifugirati neposredno prije posluživanja ili upotrebe, ali će u hermetički zatvorenoj posudi u zamrzivaču ostati do 2 tjedna.

77. Đavolski sorbet od manga

SASTOJCI:
- ⅓ šalice vode
- 1 šalica šećera
- 2 piquín čilija
- 5¾ šalice kilograma zrelih manga, oguljenih, bez koštica i narezanih na kockice
- Sok od 1 limete
- ¾ žličice košer soli
- 1 žličica mljevene piquín čili ili kajenske paprike

UPUTE:
a) U malom loncu pomiješajte vodu i šećer. Pustite da lagano kuha na srednjoj vatri, miješajući da se šećer otopi. Maknite s vatre, umiješajte cijele papričice i ostavite da se ohladi 1 sat.
b) Izvadite i bacite čili iz šećernog sirupa. U blenderu pomiješajte šećerni sirup i mango narezan na kockice te pire dok ne postane glatko. Dodajte sok limete, sol i mljeveni čili i pomiješajte da se sjedini.
c) Kušajte pire i po želji umiješajte još mljevenog čilija, imajući na umu da će nakon zamrzavanja sorbet biti nešto manje ljut.
d) Ulijte smjesu kroz cjedilo s finom mrežicom postavljeno iznad zdjele. Pokrijte i stavite u hladnjak dok se ne ohladi, najmanje 4 sata ili do preko noći.
e) Zamrznite i umutite u aparatu za sladoled prema uputama proizvođača.
f) Za meku konzistenciju poslužite sorbet odmah; za čvršću konzistenciju prebacite u posudu, poklopite i ostavite u zamrzivaču 2 do 3 sata da se stvrdne.

SMRZNUTI JOGURT

78.Smrznuti jogurt od svježeg đumbira

SASTOJCI:
ZAMRZNUTA BAZA OD JOGURTA
- 1 litra običnog nemasnog jogurta
- 1½ šalice punomasnog mlijeka
- 2 žlice kukuruznog škroba
- 2 unce (4 žlice) krem sira, omekšalog
- ½ žličice cikle u prahu (za boju; pogledajte Izvore ; izborno)
- ⅛ žličice kurkume (za boju; po želji)
- ½ šalice gustog vrhnja
- ⅔ šalice šećera
- ¼ šalice svijetlog kukuruznog sirupa

SIRUP OD ĐUMBIRA
- ½ šalice svježeg soka od limuna (od 2 do 3 limuna)
- 3 žlice šećera
- 2 unce svježeg đumbira (komadić dug oko 4 inča), oguljen i narezan na kovanice od ⅛ inča
- ½ žličice đumbira u prahu

UPUTE:
ZA CIJEDENI JOGURT
a) Stavite sito na zdjelu i obložite ga s dva sloja gaze. Ulijte jogurt u sito, pokrijte plastičnom folijom i ostavite u hladnjaku 6 do 8 sati da se ocijedi. Odbacite tekućinu i odmjerite 1¼ šalice procijeđenog jogurta; Staviti na stranu.

ZA SIRUP OD ĐUMBIRA
b) Pomiješajte limunov sok sa šećerom u malom loncu i pustite da zavrije na srednje jakoj vatri, miješajući da se šećer otopi. Maknite s vatre, dodajte narezani đumbir i đumbir u prahu i ostavite da se ohladi. Procijedite narezani đumbir i ostavite sirup sa strane.

ZA PODLOGU ZA SMRZNUTI JOGURT
c) Pomiješajte oko 2 žlice mlijeka s kukuruznim škrobom u maloj posudi da dobijete glatku kašu.
d) Umutite krem sir, ciklu u prahu i kurkumu, ako koristite, u srednjoj posudi dok ne postane glatko.
e) Napunite veliku zdjelu ledom i vodom.

f) Kuhajte Pomiješajte preostalo mlijeko, vrhnje, šećer i kukuruzni sirup u loncu od 4 litre, zakuhajte na srednje jakoj vatri i kuhajte 4 minute. Maknite s vatre i postupno umiješajte smjesu kukuruznog škroba. Pustite smjesu da zavrije na srednje jakoj vatri i kuhajte, miješajući lopaticom otpornom na toplinu, dok se lagano ne zgusne, oko 1 minutu. Maknite s vatre.
g) Ohladite Postupno umiješajte vruću mliječnu smjesu u krem sir dok ne postane glatka. Dodajte 1¼ šalice jogurta i sirup od đumbira. Ulijte smjesu u Ziplock vrećicu za zamrzavanje od 1 galona i uronite zapečaćenu vrećicu u ledenu kupelj. Ostavite stajati, dodajući još leda po potrebi, dok se ne ohladi, oko 30 minuta.
h) Zamrzavanje Izvadite zamrznuti kanister iz zamrzivača, sastavite svoj aparat za sladoled i uključite ga. Ulijte smrznutu bazu od jogurta u zamrzivač i centrifugirajte dok ne postane gusta i kremasta.
i) Spakirajte smrznuti jogurt u posudu za skladištenje. Pritisnite list pergamenta izravno na površinu i zatvorite nepropusnim poklopcem. Zamrznite u najhladnijem dijelu zamrzivača dok se ne stegne, najmanje 4 sata.

79.Smrznuti jogurt od svježe breskve

SASTOJCI:
ZAMRZNUTA BAZA OD JOGURTA
- 1 litra običnog nemasnog jogurta
- ⅔ šalice mlaćenice (ili još punomasnog mlijeka)
- 1 šalica punomasnog mlijeka
- 2 žlice kukuruznog škroba
- 2 unce (4 žlice) krem sira, omekšalog
- ¼ žličice fine morske soli
- ½ šalice gustog vrhnja
- ⅔ šalice šećera
- ¼ šalice svijetlog kukuruznog sirupa

PIRE OD BRESKVE
- 2 do 3 zrele zlatne breskve, oguljene, bez koštica i narezane na grube komade
- ⅓ šalice šećera
- ¼ šalice svježeg soka od limuna (od otprilike 2 limuna)

UPUTE:
ZA CIJEDENI JOGURT
c) Stavite sito na zdjelu i obložite ga s dva sloja gaze. Ulijte jogurt u sito, pokrijte plastičnom folijom i ostavite u hladnjaku 6 do 8 sati da se ocijedi. Odbacite tekućinu i odmjerite 1¼ šalice procijeđenog jogurta. Dodajte mlaćenicu i ostavite sa strane.

ZA ZAMRZNUTI JOGURT
d) Pomiješajte oko 2 žlice mlijeka s kukuruznim škrobom u maloj posudi da dobijete glatku kašu.
e) Umutite krem sir i sol u srednjoj posudi dok ne postane glatko.
f) Napunite veliku zdjelu ledom i vodom.

ZA PIRE OD BRESKVE
g) Pasirajte breskve u multipraktiku. Premjestite ⅔ šalice pirea u malu zdjelu. Ostatak rezervirajte za drugu upotrebu.
h) Pomiješajte šećer i limunov sok u srednje velikoj posudi i pustite da zavrije na srednje jakoj vatri, miješajući dok se šećer ne otopi. Dodajte u pire od breskvi i ostavite da se ohladi.
i) Kuhajte Pomiješajte preostalo mlijeko, vrhnje, šećer i kukuruzni sirup u loncu od 4 litre, zakuhajte na srednje jakoj vatri i kuhajte 4

minute. Maknite s vatre i postupno umiješajte smjesu kukuruznog škroba. Pustite smjesu da zavrije na srednje jakoj vatri i kuhajte, miješajući lopaticom otpornom na toplinu, dok se malo ne zgusne, oko 1 minutu. Maknite s vatre.

j) Ohladite Postupno umiješajte vruću mliječnu smjesu u krem sir dok ne postane glatka. Dodajte rezerviranu 1¼ šalice jogurta i pire od breskve. Ulijte smjesu u Ziplock vrećicu za zamrzavanje od 1 galona i uronite zapečaćenu vrećicu u ledenu kupelj. Ostavite stajati, dodajući još leda po potrebi, dok se ne ohladi, oko 30 minuta.

k) Zamrzavanje Izvadite zamrznuti kanister iz zamrzivača, sastavite svoj aparat za sladoled i uključite ga. Ulijte smrznutu bazu od jogurta u zamrzivač i centrifugirajte dok ne postane gusta i kremasta.

l) Spakirajte smrznuti jogurt u posudu za skladištenje. Pritisnite list pergamenta izravno na površinu i zatvorite nepropusnim poklopcem. Zamrznite u najhladnijem dijelu zamrzivača dok se ne stegne, najmanje 4 sata.

80.Islandski kolač smrznuti jogurt

SASTOJCI:
- 1½ šalice punomasnog mlijeka
- 2 žlice kukuruznog škroba
- 1¼ šalice skyr
- 2 unce (4 žlice) krem sira, omekšalog
- ½ šalice gustog vrhnja
- ⅔ šalice šećera
- ¼ šalice svijetlog kukuruznog sirupa
- ½ šalice izmrvljene Lady Cake , smrznute
- ½ šalice Streusela , napravljenog sa zobi i pečenog dodatnih 20 minuta
- ⅔ šalice umaka od pirjane rabarbare

UPUTE:
a) Pomiješajte oko 2 žlice mlijeka s kukuruznim škrobom u maloj posudi da dobijete glatku kašu.
b) Umutite skyr i krem sir u srednjoj zdjeli dok ne postane glatko.
c) Napunite veliku zdjelu ledom i vodom.
d) Kuhajte Pomiješajte preostalo mlijeko, vrhnje, šećer i kukuruzni sirup u loncu od 4 litre, zakuhajte na srednje jakoj vatri i kuhajte 4 minute.
e) Maknite s vatre i postupno umiješajte smjesu kukuruznog škroba. Pustite smjesu da zavrije na srednje jakoj vatri i kuhajte, miješajući lopaticom otpornom na toplinu, dok se malo ne zgusne, oko 1 minutu. Maknite s vatre.
f) Ohladite Postupno umiješajte vruću mliječnu smjesu u krem sir dok ne postane glatka. Ulijte smjesu u Ziplock vrećicu za zamrzavanje od 1 galona i uronite zapečaćenu vrećicu u ledenu kupelj. Ostavite stajati, dodajući još leda po potrebi, dok se ne ohladi, oko 30 minuta.
g) Zamrzavanje Izvadite zamrznuti kanister iz zamrzivača, sastavite svoj aparat za sladoled i uključite ga. Ulijte bazu od jogurta u posudu i centrifugirajte dok ne postane gusta i kremasta.
h) Radeći brzo, zapakirajte smrznuti jogurt u spremnik za pohranu, naizmjenično slažući slojeve smrznutog jogurta, kolača, streusela i umaka od rabarbare.
i) Pritisnite list pergamenta izravno na površinu i zatvorite nepropusnim poklopcem.
j) Zamrznite u najhladnijem dijelu zamrzivača dok se ne stegne, najmanje 4 sata.

81. Smrznuti jogurt s ružmarinom i kandiranim voćem

SASTOJCI:
- 1 žličica listići svježeg ružmarina
- 1/2 šalice slastičarskog šećera
- 1/2 šalice kandirane korice naranče i limuna
- 2 šalice sojinog ili nemliječnog jogurta
- 2 žlice. ušećerene ljubičice

UPUTE:
a) Listove ružmarina sitno nasjeckajte i pomiješajte sa slastičarskim šećerom. Pustite da odstoji najmanje sat vremena, a najbolje preko noći.

b) Ušećerenu koru (i ako je već nasjeckana) sitno nasjeckajte. Jogurt pomiješajte s ušećerenim koricama i ušećerenim ljubičicama u velikoj zdjeli. Prosijte slastičarski šećer preko zdjele, zatim ga umiješajte. Podijelite smjesu u 8 ramekina ili malih kalupa. Stavite u zamrzivač i ostavite 2-3 sata.

c) Neposredno prije posluživanja, kalupe kratko stavite u kipuću vodu, a zatim smrznuti jogurt prevrnite na tanjure. Po želji poslužite ukrašeno grančicama ružmarina i kriškama svježeg voća.

82. Smrznuto čokoladno iznenađenje

SASTOJCI:
- 1 šalica anko ili adzuki graha, namočenog preko noći (ili 14 oz konzerve azuki graha)
- 2 šalice tamno smeđeg šećera
- 2 šalice vode
- 4 žlice. rogač u prahu
- 2 šalice rižinog mlijeka
- 1 šalica rižinog ili sojinog jogurta
- narezano svježe voće za posluživanje

UPUTE:
a) Namočene mahune ocijedite i stavite u veliku posudu prelivenu vodom. Zakuhajte i kuhajte na laganoj vatri 1 sat ili dok ne počnu omekšavati. Ocijedite i vratite u tavu sa smeđim šećerom i 2 šalice vode. Kuhajte nepoklopljeno na umjerenoj vatri dok stvarno ne omekša i dok se ne smanji većina tekućine. Cool.

b) Pomiješajte grah u procesoru s dovoljnom količinom tekućine od kuhanja da dobijete mekani pire. Zatim umiješajte rogač u prahu, rižino mlijeko i jogurt.

c) Miješajte dok smjesa ne postane glatka. Prebacite u aparat za sladoled i mućkajte prema uputama proizvođača ili prebacite u posudu za zamrzavanje i slijedite upute za ručno miješanje . Ako koristite aparat za sladoled, prestanite s mućenjem kada je gotovo čvrst, prebacite ga u posudu za zamrzavanje i ostavite u zamrzivaču 15 minuta prije posluživanja ili dok ne bude potrebno.

d) Kad ste spremni za posluživanje, izvadite iz zamrzivača i ostavite 15 minuta da omekša. Poslužite s narezanim svježim voćem.

83. Blackberry Frozen Jogurt

SASTOJCI:
- 2 šalice svježih ili smrznutih nezaslađenih kupina ili 1 (16 1/2 unce) limenka kupina, ocijeđena
- 1/3 do 1/2 šalice granuliranog šećera
- 1 žličica želatine bez okusa
- 1/2 šalice obranog mlijeka
- 1/4 šalice vode
- 1 (8 unca) kutija običnog nemasnog jogurta
- 1 žlica sitno naribane narančine kore
- 1/4 šalice soka od naranče

UPUTE:
a) Odmrznite bobice, ako su smrznute. U međuvremenu, u srednjem loncu pomiješajte šećer i želatinu; umiješajte mlijeko i vodu. Zagrijte samo dok se želatina ne otopi. Ostaviti sa strane da se ohladi.
b) U zdjeli multipraktika obradite bobičasto voće dok ne postane glatko. Protisnite kroz sito; odbaciti sjemenke. U želatinsku smjesu umiješajte pire od bobičastog voća, jogurt, narančinu koricu i narančin sok.
c) Pretvorite ga u električni zamrzivač za sladoled od 2 litre. Zamrznite prema uputama proizvođača. (Ili, ulijte u posudu 9 x 5 x 3 inča.
d) Pokriti; zamrznuti oko 6 sati. Razbiti na komade. Prebacite u ohlađenu zdjelu.
e) Miješajte električnom miješalicom dok smjesa ne postane glatka, ali se ne otopi. Vratiti u hladan pleh. Pokriti; zamrznuti oko 8 sati.)

84. Smrznuti jogurt od rogača i meda

SASTOJCI:
- 3 šalice jogurta bez okusa
- ½ šalice meda
- ¾ šalice rogača u prahu

UPUTE:
a) Pomiješajte jogurt, med i rogač u prahu u zdjeli dok ne dobijete glatku smjesu.
b) Smjesu ulijte u posudu aparata za sladoled i zamrznite. Molimo slijedite upute proizvođača.

85.Led od jogurta od đumbira i rabarbare

SASTOJCI:
- 450 g kartona jogurta od rabarbare, ohlađenog
- 142ml kartonske pojedinačne kreme, ohlađene
- 4 žlice sirupa iz staklenke stabljike đumbira
- 3 komada stabljike đumbira, ocijeđene

UPUTE:
a) Ulijte jogurt u vrč i dodajte vrhnje i sirup od đumbira.
b) Nasjeckajte stabljiku đumbira na vrlo male komadiće i dodajte u vrč.
c) Pjenjačom miješajte dok se dobro ne sjedini.
d) Pokrijte i ohladite 20-30 minuta.
e) Stavite smjesu u aparat za sladoled i zamrznite prema uputama .
f) Prebacite u prikladnu posudu i zamrznite dok ne bude potrebno.

86. Smrznuti jogurt s medom

SASTOJCI:
- 4 šalice jogurta bez okusa
- 1 šalica meda

UPUTE:
a) Smjesu ulijte u posudu aparata za sladoled i zamrznite.
b) Molimo slijedite upute proizvođača.

AFFOGATO

87. Affogato od čokolade i lješnjaka

SASTOJCI:
- 1 kuglica čokoladnog gelata ili sladoleda
- 1 šalica espressa
- 1 žlica namaza od lješnjaka.

UPUTE:
a) U čašu za posluživanje stavite kuglicu čokoladnog gelata ili sladoleda.
b) Žlicom nanesite namaz od lješnjaka na gelato. Prelijte dozu vrućeg espressa preko sladoleda.
c) Lagano promiješajte da se okusi sjedine.
d) Poslužite odmah i prepustite se dekadentnoj kombinaciji čokolade, lješnjaka i espressa.

88. Amaretto Affogato

SASTOJCI:
- 1 mjerica badema ili amaretto gelata
- 1 čašica amaretto likera
- 1 šalica espressa

UPUTE:
a) Stavite mjericu badema ili amaretto gelata u čašu za posluživanje.
b) Prelijte gelato malo likera amaretto. Dodajte dozu vrućeg espressa.
c) Lagano promiješajte da se okusi prožmu.
d) Poslužite odmah i uživajte u prekrasnoj kombinaciji amaretta, badema i espressa.

89.Tiramisu Affogato

SASTOJCI:
- 1 mjerica mascarpone gelata
- 1 šalica espressa
- 1 žlica kakaa u prahu

UPUTE:
a) Stavite mjericu mascarpone gelata u čašu za posluživanje.
b) Prelijte dozu vrućeg espressa preko sladoleda.
c) Vrh pospite kakaom u prahu.
d) Poslužite odmah i uživajte u okusima koji podsjećaju na tiramisu u ovoj Affogato varijanti.

90.Affogato sa slanom karamelom

SASTOJCI:
- 1 mjerica slanog karamel gelata
- 1 šalica espressa
- karamel umak

UPUTE:
a) U čašu za posluživanje stavite mjericu slanog karamel gelata.
b) Prelijte dozu vrućeg espressa preko sladoleda.
c) Prelijte karamel umakom.
d) Poslužite odmah i uživajte u kombinaciji slatkog i slanog okusa.

91. Sorbet od limuna Affogato

SASTOJCI:
- 1 mjerica sorbeta od limuna
- 1 čašica likera limoncello
- 1 šalica espressa
- limunova korica (po želji).

UPUTE:
a) Stavite mjericu sorbeta od limuna u čašu za posluživanje.
b) Sorbet prelijte malo likera limoncello.
c) Dodajte dozu vrućeg espressa. Po želji ukrasite koricom limuna.
d) Poslužite odmah i uživajte u osvježavajućim i pikantnim okusima.

92. Affogato od pistacija

SASTOJCI:
- 1 mjerica gelata od pistacija
- 1 šalica espressa
- zgnječene pistacije

UPUTE:
a) Stavite mjericu gelata od pistacija u čašu za posluživanje.
b) Prelijte dozu vrućeg espressa preko sladoleda.
c) Pospite mljevenim pistacijama.

93. Affogato od kokosa

SASTOJCI:
- 1 kuglica kokosovog gelata ili sladoleda od kokosovog mlijeka
- 1 šalica espressa
- pržene kokosove pahuljice.

UPUTE:
a) U čašu za posluživanje stavite kuglicu kokosovog gelata ili sladoleda od kokosovog mlijeka.
b) Prelijte dozu vrućeg espressa preko sladoleda.
c) Pospite tostiranim kokosovim pahuljicama.

94. Affogato od badema

SASTOJCI:
- 1 kuglica gelata od badema ili sladoleda od bademovog mlijeka
- 1 čašica amaretto likera
- 1 šalica espressa
- narezani bademi

UPUTE:
a) Stavite kuglicu gelata od badema ili sladoleda od bademovog mlijeka u čašu ili zdjelu za posluživanje.
b) Prelijte gelato malo likera amaretto.
c) Pripremite dozu vrućeg espressa i prelijte ga preko sladoleda i likera.
d) Ukrasite posutom narezanim bademima.
e) Poslužite odmah i uživajte u prekrasnoj kombinaciji okusa badema, amaretta i espressa.

95. Affogato od naranče i tamne čokolade

SASTOJCI:
- 1 mjerica gelata ili sorbeta od naranče
- 1 šalica espressa
- strugotine tamne čokolade ili naribane tamne čokolade

UPUTE:
a) U čašu za posluživanje stavite mjericu gelata ili sorbeta od naranče.
b) Prelijte dozu vrućeg espressa preko sladoleda.
c) Pospite strugotinama tamne čokolade ili naribanom tamnom čokoladom.

96.Nutella Affogato

SASTOJCI:
- 1 kuglica gelata ili sladoleda od lješnjaka
- 1 šalica espressa
- 1 žlica Nutelle.

UPUTE:
a) U čašu za posluživanje stavite kuglicu gelata od lješnjaka ili sladoleda.
b) Prelijte žlicom Nutellu preko gelata.
c) Prelijte dozu vrućeg espressa preko sladoleda.
d) Lagano promiješajte da se okusi sjedine.

97.Mint čokoladni affogato

SASTOJCI:
- 1 kuglica sladoleda ili sladoleda od čokolade i mente
- 1 šalica espressa
- čokoladni sirup
- listići svježe mente (po želji)

UPUTE:
a) U čašu za posluživanje stavite kuglicu čokoladnog gelata ili sladoleda od mente.
b) Prelijte dozu vrućeg espressa preko sladoleda.
c) Prelijte čokoladnim sirupom.
d) Po želji ukrasite listićima svježe mente.

98.Sorbeto od malina Affogato

SASTOJCI:
- 1 mjerica sorbeta od malina
- 1 čašica likera od maline (kao što je Chambord)
- 1 šalica espressa
- svježe bobice

UPUTE:
a) U čašu za posluživanje stavite mjericu sorbeta od malina.
b) Sorbetto prelijte malo likera od malina.
c) Dodajte dozu vrućeg espressa.
d) Ukrasite svježim bobičastim voćem.

99.Caramel Macchiato Affogato

SASTOJCI:
- 1 kuglica karamel gelata ili sladoleda
- 1 šalica espressa
- karamel sirup
- šlag.

UPUTE:
a) Stavite kuglicu karamel gelata ili sladoleda u čašu za posluživanje.
b) Prelijte dozu vrućeg espressa preko sladoleda.
c) Prelijte karamel sirupom.
d) Odozgo premazati šlagom.

100.Biscotti s lješnjacima Affogato

SASTOJCI:
- 1 kuglica gelata ili sladoleda od lješnjaka
- 1 šalica espressa
- keksi od mljevenih lješnjaka.

UPUTE:
a) U čašu za posluživanje stavite kuglicu gelata od lješnjaka ili sladoleda.
b) Prelijte dozu vrućeg espressa preko sladoleda.
c) Pospite keksom od mljevenih lješnjaka.

ZAKLJUČAK

Dok završavamo naše putovanje kroz bogati svijet deserata ledeno zlato, nadam se da vas je ova kuharica nadahnula da oslobodite svoju kreativnost i prepustite se dekadentnim užicima smrznutih poslastica. "KUHARICA ZA DESERE LEDENO ZLATO" izrađena je sa strašću za slavljenje umijeća, domišljatosti i čistog užitka izrade smrznutih slastica, nudeći zbirku recepata koji će zasigurno unaprijediti svako iskustvo objedovanja.

Hvala vam što ste mi se pridružili u ovoj smrznutoj avanturi. Neka vaša kuhinja bude ispunjena primamljivim mirisima svježe umućenog sladoleda, osvježavajućom hladnoćom sorbeta i granita te izuzetnom ljepotom elegantnih semifreddoa i parfe kreacija. Bilo da uživate u kuglici sladoleda u toploj ljetnoj večeri ili uživate u komadu dekadentne sladoledne torte, neka svaki zalogaj bude trenutak čistog blaženstva i kulinarskog savršenstva.

Do ponovnog susreta, sretno smrzavanje i neka vaše smrznute kreacije i dalje zasljepljuju i oduševljavaju. Evo luksuznog svijeta Ice Gold deserata i radosti koju donose u naše živote!

www.ingramcontent.com/pod-product-compliance
Lightning Source LLC
Chambersburg PA
CBHW070403120526
44590CB00014B/1238